Planet@ 3

Libro de referencia gramatical: fichas y ejercicios

Matilde Cerrolaza
Óscar Cerrolaza
Begoña Llovet

edelsa

GRUPO DIDASCALIA, S.A.
Plaza Ciudad de Salta, 3 - 28043 MADRID - (ESPAÑA)
TEL.: (34) 914.165.511 - FAX: (34) 914.165.411

Primera edición: 2000

Dirección y coordinación editorial: Departamento de Edición de Edelsa.
Diseño de cubierta: Departamento de Imagen de Edelsa.
Ilustraciones: Antonio Martín.
Fotocomposición: Francisco Cabrera Vázquez y Susana Ruiz Muñoz.
Fotomecánica: Class, S. L.
Imprenta: Pimakius.
Encuadernación: Perellón, S. A.

Impreso en España
Printed in Spain

ISBN: 84-7711-267-3
Depósito legal: M-3496-2000

Introducción al Libro de Referencia Gramatical de Planet@ 3

Somos conscientes de que la experiencia de aprender una lengua extranjera es vivida de modos distintos por las diferentes personas, y que hay alumn@s y profesores que, en el proceso de adquisición de un idioma, requieren un momento de reflexión consciente y analítico sobre las estructuras de la lengua que están aprendiendo. Este momento puede ser complementario al desarrollo normal de la clase y servir de una gran ayuda tanto para docentes como para aprendientes.

En este contexto, y dentro de los materiales de Planet@ 3, nace este Libro de Referencia gramatical, dirigido a todas aquellas personas que busquen satisfacer esta necesidad.

El libro está confeccionado en torno a 47 fichas independientes para realizar de forma autónoma, con el objetivo de que cada persona seleccione las que quiere trabajar.
Las fichas están agrupadas y programadas de acuerdo a la progresión que se plantea en el Libro del Alumno.
Cada una de estas fichas presenta una imagen con una muestra de lengua que ejemplifica y contextualiza la estructura o tema gramatical que se va a estudiar.
A continuación un esquema gramatical claro y sencillo en el que, con unas explicaciones tangibles y concretas, se explican y deducen las reglas gramaticales. Hemos tenido en cuenta, fundamentalmente dentro de las posibilidades del nivel, variables diatópicas para que quien lo desee pueda profundizar en ellas.
Por último ofrecemos una selección de ejercicios estructurales, cerrados y muy dirigidos, para afianzarse y tomar confianza en el tema estudiado.

Se incluyen las Claves de los ejercicios de este Libro de Referencia gramatical, las Claves de los ejercicios de la sección *En autonomía* del Libro del Alumno de Planet@ 3, así como las correspondientes a la *Versión Mercosur*. Esto refuerza el papel del estudiante como sujeto activo de su aprendizaje, al permitirle controlar autónomamente su progresión, solucionar sus dudas y corregir posibles errores.

Deseamos que este material sea una ayuda más en ese proceso tan maravilloso que es descubrir una lengua.

Mucha suerte.

Los autores

índice

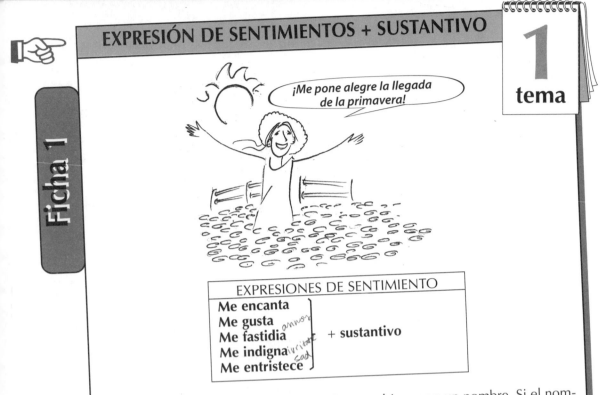

EXPRESIÓN DE SENTIMIENTOS + SUSTANTIVO

1 tema

¡Me pone alegre la llegada de la primavera!

EXPRESIONES DE SENTIMIENTO

Me encanta
Me gusta *annoys*
Me fastidia *irritate*
Me indigna *sad*
Me entristece

+ sustantivo

Las expresiones de sentimiento se pueden combinar con un nombre. Si el nombre es plural, el verbo también estará en plural.

1. Ordena estas expresiones en tres apartados según su significado:

....
....
....
....

Me pone furioso	Me encanta	Me entristece
Me gusta	Me duele	Me pone contenta
Me fastidia	Me decepciona	Me enfada *(annoys)*
Me avergüenza *to shame*	Me pone alegre	Me indigna

2. Relaciona:

1. A Manuel y a mí nos fastidian
2. A Rosa y a Margarita les encantan
3. Me pone de mal humor
4. Me preocupa
5. A Alberto le duele
6. No soporto
7. Me dan miedo
8. Me avergüenza
9. A nosotros nos pone muy contentos

a. las flores.
b. tu comportamiento con él.
c. el ruido.
d. los lugares oscuros.
e. tu forma de comportarte.
f. la llegada de nuestro amigo Hans.
g. las personas agresivas.
h. el mal tiempo.
i. el mal funcionamiento del departamento.

Ficha 1

aplicación

3. Completa con la forma del verbo en singular o plural y los pronombres adecuados:

1. Me parece que la situación laboral está fatal. (PREOCUPAR) ....
el número de parados cada vez más alto, no (GUSTAR) .... las
medidas que el gobierno está proponiendo y, además, (INDIGNAR)
.... la hipocresía política que hay en todo esto.
– Hombre, las cosas no están tan mal. Dices que (PREOCUPAR) ....
el número de parados, pero lo cierto es que cada vez hay menos y eso a mí
(ALEGRAR) ....

2. ¿A ti no (PONER) .... triste las noticias? A mí, sí. (AVER-
GONZAR) .... el hambre en el mundo, que millones de
personas mueran de hambre y que no hagamos nada.

3. A Juan y a mí (PONER) .... de mal humor la nueva secretaria del jefe. Es muy arrogante, ¿no?

4. Bueno, tengo que decírtelo. A todo el colectivo de trabajadores (DECEP-
CIONAR) .... la propuesta de la empresa de recorte de jorna-
da y (PREOCUPAR) .... las medidas de retención de gastos.
Esperábamos otra cosa, la verdad.

5. A Susana (ALEGRAR) .... el nuevo contrato que le han
hecho y parece que no (PREOCUPAR) .... las nuevas responsabilidades. Es una mujer muy valiente.

4. Ordena estas frases y escríbelas. Recuerda que los pronombres "me", "te", "le", "nos", "os" o "les" tienen que ir siempre junto al verbo, pero que las formas pronominales "a mí", "a ti", "a él", etc., o las expresiones "a Pepe", "a Antonia", pueden ir en cualquier posición de la frase.

Ej.: 1. Este / Gusta / Me / Mucho / Muy / ordenador. / rápido. / Va
Me gusta mucho este ordenador. Va muy rápido.

2. encanta / Es / A / esta / fantástica. / impresora. / me / mí
....

3. este / A / fastidia / funciona / Jesús / le / mal. / ordenador / porque
....

4. avergüenzan / de / en / este / faltas / A / hay / informe. / las / me / ortografía / que / mí
....
....

5. de / empresa. / la / los / malos / nos / nosotros / preocupan / resultados / A
....

6. absentismo / Al / de / decepciona / el / empleados. / Gómez / laboral / le /
señor / sus
....
....

7. ¿de / en / A / escasa / la / las / les / los / no / participación / pone / reuniones / sindicales? / trabajadores / tristes / ustedes
....
....

aplicación

8. cómodos. / de / encantan / los / más / Me / mucho / nuevos / Son / trabajo. / turnos

....

....

9. A / de / despido / el / entristece / Gerardo. / nos / nosotras

....

....

10. accidentes / de / directores / frecuentes. / les / los / los / preocupan / tan / trabajo / A

....

....

11. de / empresa. / esta / gestión / la / mala / Me / nervioso / pone

....

....

5. Piensa en personas, situaciones y cosas que te producen estos sentimientos y completa las frases, decidiendo si el verbo va en plural o singular:

Ej.: 1. *Me preocupan las situaciones injustas.*

2. Me pone/n triste ....
3. Me alegra/n ....
4. Me duele/n ....
5. Me molesta/n ....
6. Me avergüenza/n ....
7. Me preocupa/n ....
8. Me pone/n de mal humor ....
9. Me encanta/n ....
10. No me gusta/n ....
11. Me gusta/n ....

aplicación

Ficha 2

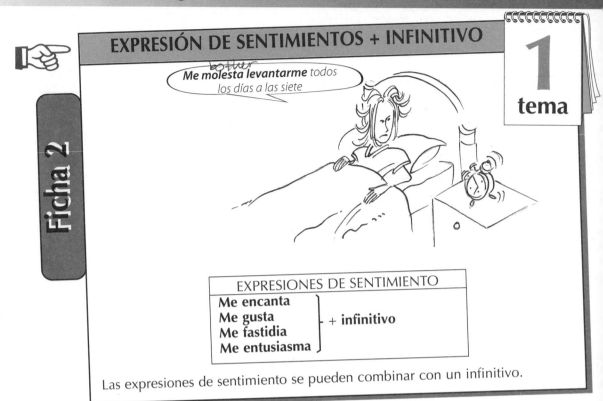

EXPRESIÓN DE SENTIMIENTOS + INFINITIVO

1 **tema**

Me molesta levantarme todos
los días a las siete

EXPRESIONES DE SENTIMIENTO

Me encanta
Me gusta
Me fastidia
Me entusiasma
} + infinitivo

Las expresiones de sentimiento se pueden combinar con un infinitivo.

1. Aquí tienes una serie de acciones. Complétalas con otras relacionándolas con los verbos de sentimiento que te presentamos:

aplicación

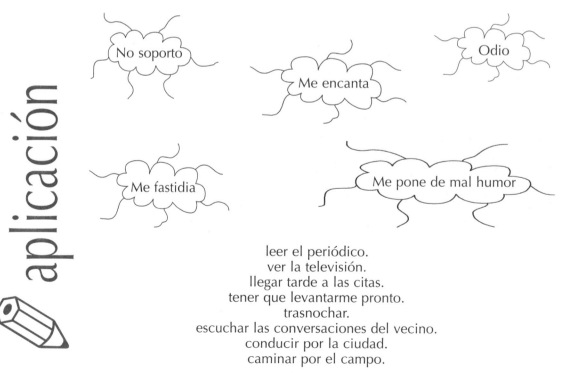

No soporto

Me encanta

Odio

Me fastidia

Me pone de mal humor

leer el periódico.
ver la televisión.
llegar tarde a las citas.
tener que levantarme pronto.
trasnochar.
escuchar las conversaciones del vecino.
conducir por la ciudad.
caminar por el campo.

2. Queralt y Josep son completamente diferentes. Completa:

Ej.: 1. *A Queralt le encanta madrugar.*   *A Josep le encanta levantarse tarde.*

2. Queralt no soporta ver la televisión más de cinco minutos.
....
....

3. ....
....
A Josep le avergüenza bailar en público.

4. A Queralt le entusiasma trabajar en equipo.
....
....

5. ....
....
Josep odia comprar ropa.

6. A Queralt le preocupa no tener un piso en propiedad.
....
....

7. ....
....
A Josep le preocupa cumplir años.

8. A Queralt le gusta reunirse con la familia.
....
....

9. ....
....
A Josep le divierte mucho salir con sus amigos por la noche.

10. A Queralt le encanta probar diferentes platos de comida exótica.
....
....

3. ¿Qué es más frecuente en ti? Observa el ejemplo y responde:

Ej.: 1. Encantar, levantarse pronto / tarde.
Me encanta levantarme pronto.

2. Gustar, desayunar fuerte / poco.
....

3. Aburrir, ir a fiestas sociales / quedarme en casa.
....

4. Preocupar, tomar decisiones / estar inactivo.
....

5. Gustar, viajar solo / con amigos.
....

6. Interesar, dar conferencias / escuchar conferencias.
....

7. Poner contento, comer mucho / poco.
....

8. Divertir, ir a la discoteca / hacer fiestas en casa.
....

9. Entristecer, estar solo en casa / estar en una fiesta con desconocidos.
....

10. Molestar, llegar tarde a una cita / tener que esperar.
....

11. Encantar, acostarse pronto / tarde.
....

aplicación

Ficha 3

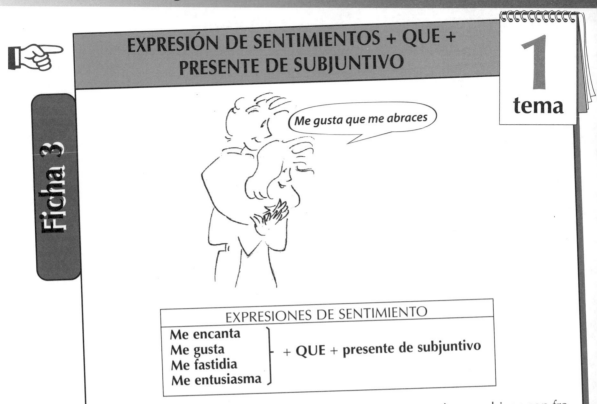

EXPRESIÓN DE SENTIMIENTOS + QUE + PRESENTE DE SUBJUNTIVO

1 tema

Me gusta que me abraces

EXPRESIONES DE SENTIMIENTO

Me encanta
Me gusta
Me fastidia } + QUE + presente de subjuntivo
Me entusiasma

Las expresiones de sentimiento o estado de ánimo se pueden combinar con frases. Cuando reaccionamos ante lo que otra persona hace, normalmente utilizamos el presente de subjuntivo.

aplicación

1. Completa las frases con el verbo en la forma adecuada:

1. ¡Qué pena me da que Samuel (DEJAR) .... nuestra empresa! ¡Con lo bien que se trabaja con él!
2. A mi compañero le pone de mal humor que yo (HABLAR) .... todos los días por teléfono con mi madre.
3. ¿A vosotros no os indigna que la gente no (CEDER) .... su asiento en el autobús a las personas mayores? A mí me parece fatal.
4. No sé a ti, pero a mí me horroriza que los niños (VER) .... tanta violencia en la televisión.
5. Nos da mucha pena que Fran y Marisol no (VENIR) .... a la fiesta. ¡Son tan simpáticos!
6. A mi madre le encanta que todos los hijos (REUNIRSE) .... en su casa los domingos a comer. Disfruta mucho con nuestra compañía.
7. ¡Me desespera que mi hija siempre (HACER) .... lo contrario de lo que le digo!
8. ¡Cuánto me alegro de que (IR, tú) .... de vacaciones a Brasil! Te encantará.
9. A mis padres les molesta que yo (ESTUDIAR) .... para ser actor. No les parece una profesión adecuada.
10. Es una lástima que la ciudad de México (ESTAR) .... tan contaminada.

2. Relaciona:

1. El otro día me dejaste en ridículo delante de todo el mundo.
2. Mi hermano tiene problemas en su trabajo.
3. He aprobado el examen gracias a Antonio.
4. He quedado con Gerardo a las cinco; son las seis y todavía no ha llegado.
5. Mi compañero de clase me ayuda siempre con los deberes.
6. Mi compañera se ha olvidado de que hoy era mi cumpleaños.
7. Hay un atasco enorme en la carretera.
8. Adolfo siempre critica a todos.

a. Tengo miedo de que pierda su puesto.
b. Estoy decepcionado.
c. Temo que no lleguemos a tiempo a la boda.
d. Le agradezco mucho que me eche una mano.
e. Me duele que me trates tan mal.
f. Me pone enfermo que hable mal de la gente.
g. Me pone de mal humor que siempre llegue tarde.
h. Le agradezco que me ayude.

3. Recuerda la forma del presente de subjuntivo. Forma el subjuntivo "yo", "nosotros, nosotras" y "ustedes, ellos, ellas" de estos verbos:

	YO	NOSOTROS/AS	USTEDES/ELLOS/AS
1. Hablar	hable	hablemos	hablen
2. Pensar	piense	pensemos	piensen
3. Decir	diga	digamos	digan
4. Regalar	regale	regalemos	regalen
5. Reír	ría	riamos	rían
6. Salir	salga	salgamos	salgan
7. Hacer	haga	hagamos	hagan
8. Volver	vuelva	volvamos	vuelvan
9. Repetir	repita	repitamos	repitan
10. Traer	traiga	traigamos	traigan

4. Forma frases con esos verbos:

1. Hablar   *Me molesta que la gente hable muy rápido.*
2. Pensar   ....
3. Decir   ....
4. Regalar   ....
5. Reír   ....
6. Salir   ....
7. Hacer   ....
8. Volver   ....
9. Repetir   ....
10. Traer   ....

5. Completa las frases expresando tus sentimientos:

1. Me encanta que ....
2. Me preocupa que ....
3. Me gusta mucho que ....
4. Estoy muy contento/a de que ....
5. Me extraña que ....
6. Odio que ....
7. Me entusiasma que ....
8. No soporto que ....
9. Me avergüenza que ....
10. Me duele que ....

aplicación

Ficha 4

aplicación

EL PRETÉRITO PERFECTO DE SUBJUNTIVO

1 tema

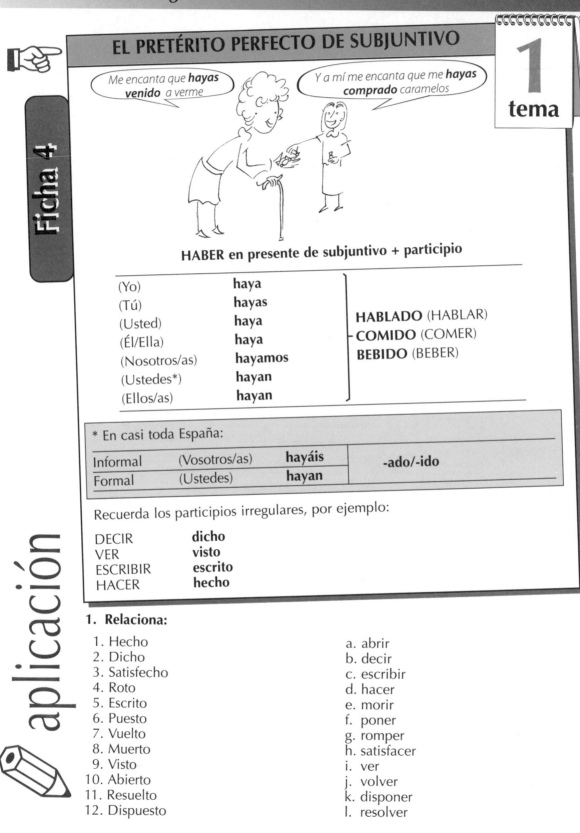

*Me encanta que **hayas venido** a verme*

*Y a mí me encanta que me **hayas comprado** caramelos*

HABER en presente de subjuntivo + participio

(Yo)	haya	
(Tú)	hayas	
(Usted)	haya	**HABLADO** (HABLAR)
(Él/Ella)	haya	**COMIDO** (COMER)
(Nosotros/as)	hayamos	**BEBIDO** (BEBER)
(Ustedes*)	hayan	
(Ellos/as)	hayan	

* En casi toda España:

Informal	(Vosotros/as)	**hayáis**	-ado/-ido
Formal	(Ustedes)	**hayan**	

Recuerda los participios irregulares, por ejemplo:

DECIR	**dicho**
VER	**visto**
ESCRIBIR	**escrito**
HACER	**hecho**

1. Relaciona:

1. Hecho
2. Dicho
3. Satisfecho
4. Roto
5. Escrito
6. Puesto
7. Vuelto
8. Muerto
9. Visto
10. Abierto
11. Resuelto
12. Dispuesto

a. abrir
b. decir
c. escribir
d. hacer
e. morir
f. poner
g. romper
h. satisfacer
i. ver
j. volver
k. disponer
l. resolver

2. Transforma las frases como en el ejemplo:

1. Ya he comido un poco.	*(Espero que) hayas comido suficiente.*
2. Hemos trabajado mucho.	.... (bien).
3. Ellos han dicho lo que vieron.	.... (la verdad).
4. hablado con él.	.... (correctamente).
5. Usted ha salido pronto.	.... (a tiempo).
6. Has mentido al decir eso.	.... (sin querer).
7. Ella ha llegado ahora.	.... (descansada).

3. Observa los ejemplos y reacciona siguiendo el modelo:

Normalmente llego tarde.
(Antes) *Espero que llegues antes.*
Hoy he llegado tarde.
(No muy tarde) *Espero que no hayas llegado muy tarde.*

1. Normalmente como mucho.
   (Equilibrado) ....

2. Hoy he comido mucho.
   (No demasiado) ....

3. Yo escribo mis papeles a mano.
   (Letra clara) ....

4. Como no tenía ordenador, he escrito el informe a mano.
   (Letra legible) ....

5. Todos los días me tomo un descanso en el trabajo.
   (Corto) ....

6. Esta mañana me he tomado unas horas de descanso.
   (Para hacer algo útil) ....

7. Tengo muchos problemas con mi compañera de despacho.
   (No graves) ....

8. Hoy he tenido una discusión muy fuerte con mi compañero de trabajo.
   (No personal) ....

9. Estoy desmotivado en el trabajo.
   (Temporal) ....

10. He estado muy preocupado por vosotros.
    (No por mí) ....

EXPRESIÓN DE SENTIMIENTOS + QUE + PERFECTO DE SUBJUNTIVO

1 tema

Ficha 5

> Me preocupa que los chicos **no hayan llegado** a casa todavía

> Y a mí me fastidia que no hayan **llamado** para decir dónde están

Cuando hablamos de estados de ánimo o sentimientos, utilizamos una expresión de sentimiento que introduce, como hemos visto en las fichas 1 y 2, un nombre o un infinitivo. También puede introducir una frase. Cuando reaccionamos a lo que otra persona ha hecho o ha dejado de hacer, normalmente utilizamos una frase con el perfecto de subjuntivo.

aplicación

1. Imagínate que tu compañero/a de piso ha hecho las siguientes cosas y reacciona con expresiones como "Me encanta que", "Me gusta que", "Me extraña que", etc.:

1. Él/Ella te ha preparado el desayuno.
2. Ha dejado los platos sin lavar.
3. Ha ordenado toda la casa.
4. Ha regado las plantas.
5. Ha dejado el cuarto de baño sucio.
6. Te ha dejado una nota deseándote un buen día.
7. Te ha planchado tu camisa.
8. Ha hecho la compra con tu dinero.
9. Ha dejado su bicicleta en medio del pasillo.
10. Se ha olvidado de sacar a pasear al perro.

Ej.: 1. Me encanta que mi hijo me haya preparado el desayuno.

....
....
....
....
....
....
....
....
....

2. Reacciona con expresiones de sentimiento como "Me extraña que", "Me encanta que...", etc.:

1. Javier y Julia se han separado. Se llevaban fenomenal.

   ....

2. José Manuel ha aprobado las oposiciones. Llevaba 2 años preparándolas.

   ....

3. Tu mejor amigo te ha dejado de hablar. No sabes por qué.

   ....

4. Tus compañeros de clase te han regalado un libro. Saben que es tu cumpleaños.

   ....

5. Tu hermano se ha ido de viaje hace dos meses y no sabes nada de él.

   ....

6. Se te ha olvidado llamar a María para felicitarla. Se enfada con facilidad cuando no se la felicita.

   ....

7. Antonio da una fiesta y te ha invitado. Te divierten las fiestas.

   ....

8. Unos amigos han tenido una hija. Lo deseaban desde hacía mucho.

   ....

3. Forma frases según el modelo:

Ej.: 1. Aumentan las prestaciones de la Seguridad Social y eso me gusta.
   Me gusta que aumenten las prestaciones de la Seguridad Social.

2. Bajan los tipos de interés y eso me interesa.

   ....

3. Aumenta el número de parados y eso me preocupa.

   ....

4. Hay más flexibilidad en los tipos de contratos laborales y eso me sorprende.

   ....

5. Disminuye el déficit público y eso me alegra.

   ....

6. La desigualdad entre países ricos y países pobres está aumentando y eso me disgusta mucho.

   ....

7. Cada tres minutos muere una persona de hambre en el mundo y no lo soporto.

   ....

8. No sabemos nada de los experimentos científicos y eso me inquieta.

   ....

9. Hay una equiparación cada vez mayor entre hombres y mujeres y eso me agrada.

   ....

10. Cada vez se leen más libros y eso me parece muy bien y me gusta.

   ....

11. Hoy en día muchos jóvenes participan en actividades voluntarias para ayudar a otras personas y eso me encanta.

   ....

aplicación

CONTRASTE ENTRE EXPRESIÓN DE SENTIMIENTOS CON PRESENTE O CON PERFECTO DE SUBJUNTIVO

1 tema

No me gusta que siempre seas impuntual, pero esta vez estoy indignado de que hayas llegado tarde

Cuando reaccionamos ante lo que otra persona hace normalmente, utilizamos el presente de subjuntivo. Pero cuando reaccionamos ante lo que otra persona ha hecho, utilizamos el perfecto de subjuntivo.

aplicación

1. Reconstruye lo que hacen o han hecho estas personas según los sentimientos que expresan otras personas:

La mujer de Román dice:
"Me pone furiosa que te hayas olvidado de llevar a la niña al dentista. Me indigna que te eches la siesta y te olvides de todo. Me pone triste que tengas que trabajar tanto y por eso estés tan cansado. Me deprime que estés poco tiempo conmigo. Me fastidia que hayas olvidado tus responsabilidades con la familia".

Ej.: Román se ha olvidado de llevar a la niña al dentista...

El compañero de Mario dice:
"Mario, me indigna que seas impuntual, que siempre llegues tarde y que en esta ocasión te hayas retrasado más de una hora. Me fastidia que nunca tengas tiempo y que seas el más ocupado de todos mis compañeros".

Mario.............

El novio de Sandra dice:
"Me encanta que seas tan cariñosa y me gusta que me llames por teléfono todos los días. Aprecio que te hayas acordado de que hoy era mi cumpleaños y me hayas hecho un regalo tan bonito. Me alegro de que estés junto a mí siempre que te necesito y de que hayas dejado tu clase de inglés para venir a verme".

Sandra..................

2. Transforma las siguientes frases reaccionando con "Me molesta que...", "Me gusta que...", etc.:

Ej.: 1. Cada día mueren de hambre 20.000 niños.
Me horroriza que cada día mueran de hambre 20.000 niños.

2. Tu amigo Álvaro ha empezado a trabajar en una ONG.
....

3. En las grandes ciudades existen muchas diferencias sociales.
....

4. Han prohibido el uso del PVC en la fabricación de juguetes.
....

5. El Dalai Lama ha escrito un libro sobre el poder de la compasión.
....

6. Ya existen en el mercado muchos productos alimenticios con componentes transgénicos.
....

7. Últimamente han descubierto algunos fármacos muy efectivos en la lucha contra el SIDA.
....

8. En Brasil han declarado obligatorio el aprendizaje del español en la enseñanza primaria y secundaria.
....

9. En España algunos hombres todavía dicen piropos a las mujeres por la calle.
....

10. Cada día se ven más anuncios de coches en la televisión.
....

3. Completa con la forma correcta del verbo en presente o en perfecto de subjuntivo:

1. Me preocupa mucho que hoy tú (LLEGAR) .... tarde a la reunión y que el jefe (VERLO) .... Tienes que ser más puntual. Sabes que al jefe no le gusta que (LLEGAR) .... siempre tarde.
2. Me encanta que mi coordinador (TENER) .... confianza en mí y me (DAR) .... muchas responsabilidades. Pero hoy, la verdad, me ha sorprendido que me (OFRECER) .... ese trabajo. Es demasiado para mí.
3. Me extraña mucho que Raúl (TENER) una reacción tan positiva cuando le he explicado sus nuevas tareas. La verdad, me sorprende que siempre (ESTAR) .... dispuesto a hacer lo que sea.
4. Me ha sentado fatal que el ordenador (ESTROPEARSE) .... otra vez. Es la tercera vez que me pasa este mes. Sinceramente, no soporto que esa máquina no (FUNCIONAR) .... bien.
5. A Marta y a Pedro les ha molestado que no (DARLES) .... a ellos el puesto y se lo (DAR) .... a Raúl. Creen que están más capacitados y, además, tienen muchas ganas de que les (TRASLADAR) .... a otra sucursal.

aplicación

Ficha 7

USOS DE SER Y ESTAR CON ADJETIVOS QUE CAMBIAN DE SIGNIFICADO

1 tema

> *No sé qué me pasa, pero siempre **estoy aburrido***

> *¿**Estás aburrido** o **eres aburrido**? ¿Ser o Estar? He aquí la cuestión*

En español hay adjetivos que cambian de significado si van con el verbo **SER** o con el verbo **ESTAR**.

aplicación

1. Relaciona:

1. La conferencia es aburridísima, no puedo estar *atenta*.
2. Estoy *mala*, me duele la garganta.
3. Me siento muy *violento*, este no es mi ambiente.
4. Esa chica es muy *atenta*, siempre tiene detalles con los demás.
5. Es una persona *mala*, que siempre quiere hace daño a los demás.
6. Ese hombre es un *aburrido*, no hay quien le aguante.
7. Los perros de esa raza son muy *violentos*.
8. Está *aburrido* de hacer siempre lo mismo.
9. Esa niña es muy *lista*, se nota enseguida.
10. Salid vosotros y esperadme abajo. Todavía no estoy *listo*.

a. Es muy inteligente.

b. Es muy amable.

c. Estoy cohibido, avergonzado.

d. No estoy preparado.

e. Está cansado de hacer siempre lo mismo.

f. Estoy enferma.

g. Es una persona que quiere hacer el mal.

h. Es de carácter apático.

i. Son agresivos.

j. No puedo prestar atención.

aplicación

2. **Busca sinónimos para los adjetivos anteriores (aburrido/a, malo/a, violen-to/a, atento/a, listo/a) cuando van con el verbo ESTAR:**

atender

estar atento/a

prestar atencion   *estar concentrado/a*

violento/a

malo/a

aburrido/a

listo/a

Haz lo mismo, cuando van con el verbo SER:

amable

ser atento/a

aburrido/a

malo/a

educado/a   *gentil*

listo/a

violento/a

3. **Aquí tienes una lista de adjetivos referidos a personas, que cambian de sig-nificado dependiendo de si van con el verbo SER o con ESTAR. A la dere-cha tienes dos columnas, una con el significado de los adjetivos cuando van con SER y otra cuando van con ESTAR, pero están desordenadas. ¿Puedes relacionar SER/ESTAR + adjetivo con sus diferentes significados?**

Adjetivo	Significados con SER	Significados con ESTAR	
1. Aburrido/a	a. Activo/a. 9	I. Bien vestido/a o con buen aspecto.	12
2. Alegre	b. Agresivo/a. 22	II. En un nivel inferior. 4	
3. Atento/a	c. Amable. 3	III. Enfadado/a. 17	
4. Bajo/a	d. Atractivo/a. 12	IV. Enfermo/a. 16	
5. Blanco/a	e. De color o raza blanca. 5	V. Avergonzado/a. *shame* 19	
6. Bueno/a	f. De ideas izquierdistas. 19	VI. Motivado/a para conocer cosas. 13	
7. Callado/a *silent, awake*	g. De raza negra. 17	VII. Molesto/a, irritado/a. 20	
8. Despierto/a *awake*	h. Descarado/a. *shameless* 11	VIII. Incómodo/a. 22	
9. Dispuesto/a *smart*	i. Ecologista. 20	IX. Mal vestido/a o con mal aspecto. 10	
10. Feo/a	j. Honesto/a, cariñoso/a. 6	X. No dormir más. 8	
11. Fresco/a	k. Inteligente. 15	XI. No hablar. 7	
12. Guapo/a	l. Listo/a, avispado/a. 8	XII. Pálido/a. 5	
13. Interesado/a	m. Poco atractivo/a. 10	XIII. Parecer joven. 14	
14. Joven	n. Poco hablador/-a. 7	XIV. Parecer más viejo/a de lo que se es. 21	
15. Listo/a	o. Soberbio/a. *proud* 18	XV. Pasárselo bien. 2	
16. Malo/a	p. Tedioso/a. *tedious* 1	XVI. Preparado/a. 15, 9	
17. Negro/a	q. Tener poca *tau* altura. 4	XVII. Preparado/a. 11	
18. Orgulloso/a	r. Tener un carácter positivo. 2	XVIII. Prestar atención. 3	
19. Rojo/a	s. Tener pocos años. 14	XIX. Que se aburre. 1	
20. Verde	t. Tener intereses materiales. 13	XX. Sano/a. *naum* 6	
21. Viejo/a	u. Tener mal carácter, cruel. 16	XXI. Sentir satisfacción. 18	
22. Violento/a	v. Tener muchos años. 21	XXII. No poder conseguir algo. 11	

Soy joven = young
estoy joven = seem young, act young
ser malo = Hitler
estar malo = sick
ser callado = quiet
estar callada = don't talk now
ser guapo = cute
estar guapo = something nice
estar atento = for class
ser atento = amable, nice

4. Escribe ejemplos con los adjetivos anteriores:

Soy joven porque no tengo muchos años.
Él es malo porque tiene un mal carácter.
Ella es negra porque es de raza negra.
Estoy listo para clase ahora.
Estoy despierta porque no duermo más.
Él esta feo porque tiene mal vestido.
Ella esta blanca porque es enferma.
Él es guapo; quiero hablar con él.
Ella es violento y agresivo.
Ella esta malo y no puede hablar.

5. Observa estos ejemplos y completa el esquema con los significados correspondientes:

1. Este ordenador es malo: es lento, tiene poca memoria y, además, es antiguo.
2. Puaj, esta sopa está mala, malísima; es de hace varios días. ¡Camarero, esto no hay quien se lo coma!
3. Este chico es malo, está mal educado y no se le ocurren más que travesuras.
4. El pobre Ernesto está malo, tiene mucha fiebre y se encuentra mal.

	Con el verbo Ser	Con el verbo Estar
Con personas		
Con objetos o cosas		

mal carácter   mala calidad   enfermo/a   mal sabor o mal estado

6. ¿Puedes hacer lo mismo con el adjetivo "bueno"? ¿Puedes poner cuatro ejemplos?

– Estar buena (una persona).

....

– Estar buena (una cosa).

....

– Ser buena (una persona).

....

– Ser buena (una cosa).

....

aplicación

Ficha 8

LA COMPARACIÓN CON MÁS QUE.../
MÁS DE..., MENOS QUE.../MENOS DE...

1
tema

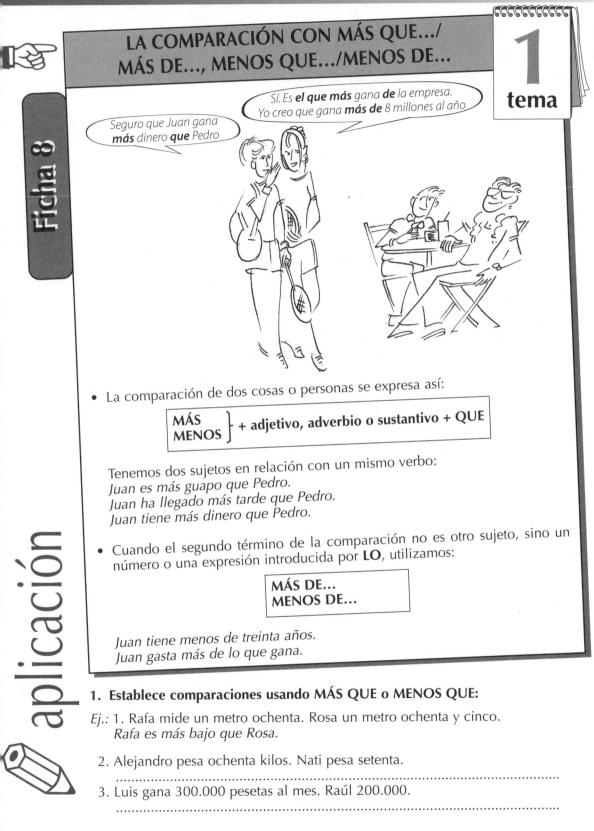

*Seguro que Juan gana **más** dinero **que** Pedro*

*Sí. Es **el que más** gana **de** la empresa.
Yo creo que gana **más de** 8 millones al año*

aplicación

- La comparación de dos cosas o personas se expresa así:

$$\left.\begin{array}{l}\textbf{MÁS}\\\textbf{MENOS}\end{array}\right\} + \textbf{adjetivo, adverbio o sustantivo} + \textbf{QUE}$$

Tenemos dos sujetos en relación con un mismo verbo:
Juan es más guapo que Pedro.
Juan ha llegado más tarde que Pedro.
Juan tiene más dinero que Pedro.

- Cuando el segundo término de la comparación no es otro sujeto, sino un número o una expresión introducida por **LO**, utilizamos:

$$\begin{array}{l}\textbf{MÁS DE...}\\\textbf{MENOS DE...}\end{array}$$

Juan tiene menos de treinta años.
Juan gasta más de lo que gana.

1. Establece comparaciones usando MÁS QUE o MENOS QUE:

Ej.: 1. Rafa mide un metro ochenta. Rosa un metro ochenta y cinco.
   Rafa es más bajo que Rosa.

2. Alejandro pesa ochenta kilos. Nati pesa setenta.
   ....

3. Luis gana 300.000 pesetas al mes. Raúl 200.000.
   ....

4. Flor tiene cuatro hijos. Rosendo tiene dos.

....

5. Nacho llegó a las siete y cuarto, Lorenzo a las siete menos cuarto.

....

6. Alba iba a 150 kilómetros por hora. Andrés a 100.

....

7. Cuando éramos pequeños, mi padre comía en cinco minutos y nosotros comíamos en quince.

....

8. El tren AVE puede ir a 300 km. por hora y el TALGO a 250.

....

9. El año pasado vinieron cuarenta millones de turistas. Este año está previsto que vengan cuarenta y dos.

....

10. Sevilla está a unos 550 km. de Madrid y Barcelona a unos 620.

....

2. Transforma las siguientes frases según el ejemplo:

Ej.: 1. Rodrigo come en un día más que Felipe en dos.
Rodrigo come en un día más de lo que come Felipe en dos.

2. Ana gasta más dinero en una semana que su hermana en un mes.

....

3. Roberto conduce más deprisa que Yolanda y Hernán.

....

4. Asunción viaja en un año menos que Lola en un mes.

....

5. Alberto y Sonia leen en un año menos libros que nosotros en un par de meses.

....

6. Tu hermana tiene menos años que la mía.

....

7. Antonio come más verduras que Ignacio, Manuel y Jacinto juntos.

....

8. Alfredo trabaja más horas al mes que Enrique en dos meses.

....

9. Vicente gasta al bimestre en teléfono más que yo en todo el año.

....

10. Beatriz habla tan rápido que es capaz de decir más palabras en un minuto que cualquier persona en cinco.

....

3. Recuerda que para hacer superlativos podemos decir "EL/LA más + adjetivo + DE". Busca un adjetivo para cada frase de las anteriores y transforma las frases anteriores siguiendo el modelo:

Ej.: 1. Rodrigo come en un día más que Felipe en dos.
Rodrigo es el más comilón de los dos.

Ana es la más ganadora de las dos.

2. Ana gasta más dinero en una semana que su hermana en un mes.

Ana gasta el más dinero de las dos.

3. Roberto conduce más deprisa que Yolanda y Hernán.

Roberto conduce la más deprisa de los tres.

aplicación

4. Asunción viaja en un año menos que Lola en un mes.
   Asunción es el mas ganadora de las dos.
5. Alberto y Sonia leen en un año menos libros que nosotros en un par de meses.
   Alberto y Sonia leen el mas de todos.
6. Tu hermana tiene menos años que la mía.
   son el mas intelligentes que todos.
   Tu hermana es el mas joven es de las dos.
7. Antonio come más verduras que Ignacio, Manuel y Jacinto juntos.
   Antonio tiene el mas salud de todos.
8. Alfredo trabaja más horas al mes que Enrique en dos meses.
   Alfredo es el mas rico de los dos.
9. Vicente gasta al bimestre en teléfono más que yo en todo el año.
   Vicente es el mas social que de nosotros.
10. Beatriz habla tan rápido que es capaz de decir más palabras en un minuto que cualquier persona en cinco.
    Beatriz habla el mas rapido de todas las personas.

4. Decide cuándo utilizas MÁS QUE/MENOS QUE o MÁS DE/MENOS DE y completa los espacios con QUE o con DE:

1. Esas personas tienen más ....*de*...... setenta años, pero tienen muy buen aspecto.
2. A mí me gusta que conduzcas más deprisa ..*de que*.... los demás, porque me encanta la velocidad.
3. Ese lavaplatos cuesta 150.000 Ptas. Es más ...*de*.... lo que puedo gastarme.
4. Aparentemente llevo una vida estupenda, pero estoy seguro de que tengo mucho menos dinero ..*que*..... tú.
5. Me han ofrecido un sueldo muy bajo, es mucho menos ...*de*..... lo que me había esperado. No sé si cogeré el trabajo.
6. Hoy Juan ha llegado a clase más tarde ...*de que*.... nunca. Supongo que su profesora estará molesta.
7. ¿Te acuerdas de esa frase de un anuncio? "Hoy te quiero más ....*de que*..... ayer, pero menos ...*de que*..mañana".
8. Estoy segura de que tu novia te quiere más ...*de*..... lo que imaginas.
9. Es mucho mayor ...*de*..... lo que parece. Se conserva muy bien para la edad que tiene.
10. Susana vale mucho más ..*que*........ su hermana Alicia. Lo que pasa es que es muy modesta y no lo muestra.

5. Observa la imagen y forma cinco frases como las del modelo:

Ej.: 1. *Roberto es el más alto de los tres. Roberto es el que mide más de los tres.*

Roberto

Paco

Luis

aplicación

ORACIONES RELATIVAS CON SUBJUNTIVO O CON INDICATIVO

1 tema

Tengo un coche que va a 250 km/hora, *tiene* elevalunas eléctrico, airbag, ABS, dirección asistida… Pero *quiero comprarme uno que sea* exclusivo, que impresione nada más verlo y *que sea el* último modelo de la mejor empresa de automóviles

Cuando nos referimos a las características de una persona conocida o un objeto concreto, utilizamos la oración de relativo **QUE + indicativo**. Cuando nos referimos a las características que debe tener una persona o un objeto aún no conocidos, utilizamos la oración de relativo **QUE + subjuntivo**.

1. **Eduardo vive en un piso en Madrid, pero no le gusta mucho y está buscando otro piso. Aquí tienes las características de su piso actual:**

   – cincuenta metros cuadrados
   – cocina pequeña
   – sin ascensor
   – sin calefacción central
   – ruidoso
   – lejos del metro

   Completa estas frases describiendo su piso:

   Eduardo vive en un piso que mide cincuenta metros cuadrados, que …………
   ………………………………………………………………………………………………
   ………………………………………………………………………………………………

   Estas son las características del piso que busca:

   – cien metros cuadrados
   – dos dormitorios
   – terraza
   – calefacción central
   – tranquilo
   – bien comunicado
   – menos de 130.000 pesetas al mes

   Completa estas frases describiendo el piso que busca:

   Quiero un piso que mida cien metros cuadrados, que ……………………………
   ………………………………………………………………………………………………
   ………………………………………………………………………………………………

2. **Necesitas algunas cosas o personas con determinadas características, pero no sabes cómo encontrarlas. Escribes una frase para publicarla en un anuncio del periódico. Fíjate en el ejemplo y escribe las frases:**

Para ayudarte:
Busco una persona que + presente de subjuntivo...
Necesito un coche que + presente de subjuntivo...
¿Dónde hay una agencia que + presente de subjuntivo...?

Ej.: 1. Buscas una persona especializada en cuidar a ancianos, para cuidar a tu abuela mientras estás de viaje.
Busco una persona que cuide de una persona mayor mientras estoy de viaje.

2. Quieres alquilar una casa rural en el norte de España para pasar tus vacaciones.
....

3. Buscas una señora de la limpieza para tu casa.
....

4. Necesitas ayuda para traducir una carta del alemán al español.
....

5. Quieres alquilar un coche familiar, con aire acondicionado, para ir de viaje al sur con tus amigos.
....

6. Buscas un hotel con encanto para un encuentro especial.
....

7. Quieres aprender a esquiar y necesitas ayuda.
....

8. Necesitas una persona especialista en informática para tu empresa.
....

9. Buscas un secretario o una secretaria bilingüe español-ruso.
....

10. Necesitas un ordenador portátil.
....

3. **Una empresa necesita un/-a nuevo/a director/-a de marketing para exportar un nuevo producto al extranjero, porque el/la director/-a actual no está preparado/a para ello. Haz las frases según el modelo:**

Ej.: 1. Ahora tienen un director que no habla idiomas.
Necesitan un/-a director/-a que hable idiomas.

2. Ahora tienen una directora que no tiene disponibilidad temporal.
....

3. Ahora tienen un director que tiene miedo a los aviones.
....

4. Ahora tienen una directora que es muy mayor.
....

5. Ahora tienen una directora que no está acostumbrada a viajar el extranjero.
....

6. Ahora tienen un director que tiene poca capacidad de comunicación.
....

7. Ahora tienen un director que viste muy informalmente.
....

8. Ahora tienen una directora que es muy autoritaria.
....

9. Ahora tienen un director que no sabe manejar los ordenadores.
....

10. Ahora tienen un director que no tiene sentido del humor.
....

aplicación

Ficha 10

1 **tema**

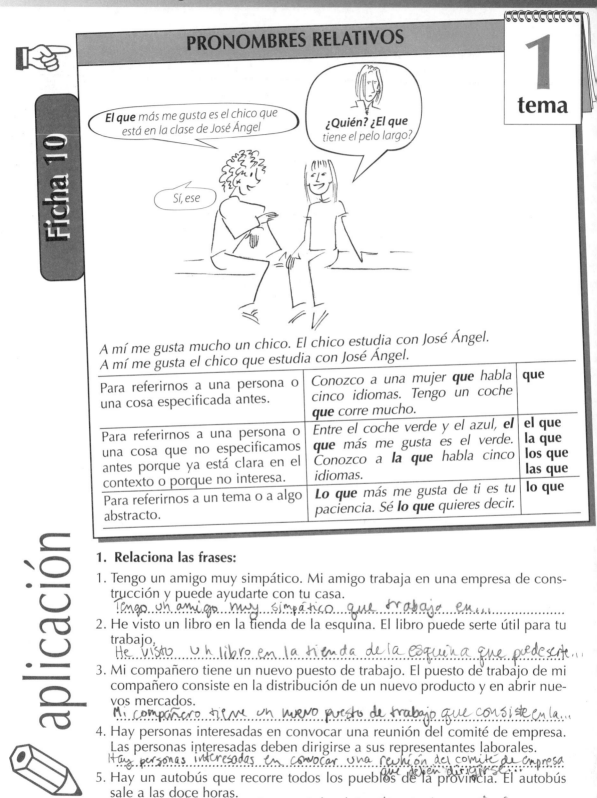

El que más me gusta es el chico que está en la clase de José Ángel

¿Quién? ¿El que tiene el pelo largo?

Sí, ese

A mí me gusta mucho un chico. El chico estudia con José Ángel.
A mí me gusta el chico que estudia con José Ángel.

Para referirnos a una persona o una cosa especificada antes.	Conozco a una mujer **que** habla cinco idiomas. Tengo un coche **que** corre mucho.	**que**
Para referirnos a una persona o una cosa que no especificamos antes porque ya está clara en el contexto o porque no interesa.	Entre el coche verde y el azul, **el que** más me gusta es el verde. Conozco a **la que** habla cinco idiomas.	**el que** **la que** **los que** **las que**
Para referirnos a un tema o a algo abstracto.	**Lo que** más me gusta de ti es tu paciencia. Sé **lo que** quieres decir.	**lo que**

aplicación

1. Relaciona las frases:

1. Tengo un amigo muy simpático. Mi amigo trabaja en una empresa de construcción y puede ayudarte con tu casa.
   Tengo un amigo muy simpático que trabaja en...

2. He visto un libro en la tienda de la esquina. El libro puede serte útil para tu trabajo.
   He visto un libro en la tienda de la esquina que puede serte...

3. Mi compañero tiene un nuevo puesto de trabajo. El puesto de trabajo de mi compañero consiste en la distribución de un nuevo producto y en abrir nuevos mercados.
   Mi compañero tiene un nuevo puesto de trabajo que consiste en la...

4. Hay personas interesadas en convocar una reunión del comité de empresa. Las personas interesadas deben dirigirse a sus representantes laborales.
   Hay personas interesadas en convocar una reunión del comité de empresa que deben dirigirse...

5. Hay un autobús que recorre todos los pueblos de la provincia. El autobús sale a las doce horas.
   Hay un autobús que recorre todos los pueblos de la provincia que sale a las...

2. Cuando nos referimos a cosas u objetos, podemos utilizar el relativo QUE, pero también EL CUAL, LA CUAL, LOS CUALES, LAS CUALES, especialmente en el lenguaje escrito. ¿En qué frases de las anteriores puedes cambiar el pronombre?

2) lo cual   5) lo cual   ?

3. Elige tu respuesta y haz la frase según el modelo:

Ej.: 1. ¿Qué ciudad te gusta más?
La que más me gusta es Quito.

2. ¿Qué idioma te gusta más?
El que más me gusta es español.

3. ¿Qué continente te interesa más?
El que más me interesa es Europa.

4. ¿Qué música escuchas más?
La que más escucho es "country".

5. ¿Qué color prefieres para tu ropa?
El que prefiero es azul.

6. ¿Qué palabra del español te gusta más?
La que más me gusta es "palabra".

7. ¿Qué animales detestas?
Los que me detesto no son existen.

8. ¿Qué sentimiento es más importante para ti?
El que más me importa es ...

4. Contesta a las preguntas. Sigue el modelo:

Ej.: 1. ¿Qué te interesa de verdad?
Lo que me interesa de verdad es la economía mundial.

2. ¿Qué te gusta del español?
Lo que me gusta del español es el ritmo.

3. ¿Qué te sugiere la música de Mozart?
Lo que me sugiera de la música de Mozart es...

4. ¿Qué te impresiona más en la vida?
Lo que me impresiona más en la vida es...

5. ¿Qué cosa no te gusta nada?, ¿qué cosa detestas?
Lo que ...

5. Vamos a jugar a dar órdenes. Haz frases como el modelo. Para ello puedes utilizar el pronombre EL QUE para referirte a hombres, LA QUE para referirte a mujeres o QUIEN para referirte a los dos sexos.

Ej.: 1. Tener barba, afeitarse.
El que tenga barba, que se afeite.

2. Vivir solo/a, buscar pareja.
El que viva solo, que busque pareja.

3. Estar aburrido/a, salir de casa.
La que esté aburrida, que salga de casa.

4. No hablar español, estudiarlo.
Quienes no hablen español, quienes estudielo.

5. Ser alto/a, jugar al baloncesto.
Quien sea altos, quien jueguen al baloncesto.

aplicación

– 27 –

6. Escribir a mano, utilizar el ordenador.

El que escriba a mano, que utilice el ordenador.

7. Estar cansado/a, irse a dormir.

La que esté cansada, que se va adormir.

8. Cocinar bien, hacer la comida.

Quien coche bien, quien haga la comida.

9. Cantar bien, dar un concierto.

La que cante bien, que de un concierto.

6. ¿Puedes inventar otras órdenes?

....

....

7. El pronombre CUYO, CUYA, CUYOS, CUYAS lo utilizamos poco, casi siempre por escrito y es, además de relativo, un posesivo. Une las frases con QUE o CUYO/A/OS/AS:

Ej.: 1. En un lugar de La Mancha hace mucho tiempo vivía un caballero.
No quiero acordarme del nombre del lugar de La Mancha.
El caballero se volvió loco de leer libros de caballerías.
En un lugar de La Mancha, de cuyo nombre no quiero acordarme, vivía un caballero que se volvió loco de leer libros de caballerías.

2. Hoy he conocido a un chico.
El padre del chico es sueco.
El chico es bilingüe español-sueco.

Hoy he conocido a un chico, cuyo padre es sueco, que es bilingüe español-sueco.

3. Esta mañana me ha mordido un perro.
El dueño del perro es un hombre bastante huraño.
El dueño del perro no ha pedido perdón ni se ha disculpado.

El dueño del perro, cuyo me ha mordido esta mañana, es un hombre bastante huraño y

4. Me he comprado un libro muy famoso, *El Lazarillo de Tormes*.
Se desconoce el autor del libro.
Te recomiendo el libro porque es muy bueno.

Te recomiendo el libro, cuyo se

....

5. Ayer se incorporó al puesto de director de personal el señor Álvarez.
El titular anterior del puesto de director de personal era Joaquín.
El señor Álvarez había estado en Administración.

....

....

6. La empresa Plómez ha tenido que cerrar y despedir a todos sus empleados.
La propietaria de la empresa Plómez es la familia Gutiérrez.
Los empleados estaban a punto de jubilarse.

....

....

aplicación

EXPRESIÓN DE LA OPINIÓN CON INDICATIVO

2 tema

Ficha 11

Yo creo que enamorarse *es* perjudicial para la salud

¿Ah, sí? Pues **en mi opinión** *es* de lo más saludable

Para **DAR NUESTRA OPINIÓN**, utilizamos expresiones como:

A mi entender **Pienso que** **Creo que** **Para mí** **Tengo la convicción de que** **Tengo la impresión de que**	**+ indicativo**

1. Expresa la opinión contraria utilizando las expresiones de más arriba con indicativo:

Ej.: 1. Creo que trabajar es muy aburrido.
   Pues yo creo que es muy divertido.

2. A mi entender, la sociedad actual está en crisis.
   Pues *a mi entender, la sociedad actual esta bien.*

3. Tengo la convicción de que Internet va a ser accesible a todo el mundo en poco tiempo.
   Pues *creo que el internet no va a ser acesible a los pobres por mucho tiempo.*

4. Tengo la impresión de que la natalidad está aumentando en España.
   Pues ....

5. Creo que hoy en día la gente carece de valores morales.
   Pues ....

6. A mí me parece que los niños de hoy en día están atontados por la televisión.
   Pues ....

7. Yo creo que en las grandes ciudades muchas personas son infelices.
   Pues ....

8. Tengo la convicción de que las parejas de culturas diferentes tienen más problemas de convivencia.
   Pues ....

aplicación

9. Estoy convencida de que es posible acabar con el hambre en el mundo.
Pues ....

10. Creo que la enseñanza debería ser pública, y no privada.
Pues ....

2. Formula frases con los siguientes elementos:

Ej.: 1. Mal tiempo, yo, creer que, mañana, hacer.
Yo creo que mañana hará mal tiempo.

2. Tener la convicción de que, Felipe, su hermano, ser inteligentísimo.
....

3. Tener la impresión, mis padres, yo, no estudiar lo suficiente.
....

4. A mi entender, ese libro, aburridísimo, ser.
....

5. Él creer que, nosotros, para hacer ese trabajo, no tener capacidad.
....

6. Simón, tener la convicción de que, ser muy interesante, la vida en la ciudad.
....

7. Ellos, nosotros no querer, tener la impresión de que, ir a su fiesta.
....

8. Sonia, yo no saber, creer que, nada del tema.
....

9. Los políticos, su modo de ver las cosas, estar convencidos de que, ser el mejor.
....

10. Yo, aprender español, tener la convicción de que, ser fácil.
....

3. Completa con la palabra o expresión que falta:

– A mí (a) .....entender........................, la sociedad actual cada vez está más impersonalizada: las conversaciones se hacen por teléfono o por correo electrónico y eso, para (b) .....mi.............., es deshumanizar la comunicación. Creo (c) .....que........ antes las cosas eran distintas, había más tiempo para relacionarse con otras personas. (d) .... la convicción de (e) .... antes se vivía mejor y, sinceramente, (f) .... que cada vez vamos a peor.

– Yo no estoy de acuerdo contigo. (g) .... que ahora es importante la eficacia y la rentabilidad de todo. También del tiempo. Pero tengo la impresión (h) .... eso no significa deshumanización.

aplicación

Ficha 12

EXPRESIÓN DE LA OPINIÓN CON SUBJUNTIVO

2 tema

No creo que el fin del mundo esté cerca

Pues yo no creo que esté lejos

Para **DAR NUESTRA OPINIÓN**, utilizamos expresiones como:

No creo que No pienso que No tengo la impresión de que No me parece que	+ presente de subjuntivo

aplicación

1. Relaciona:

1. Mañana lloverá. G

2. Supongo que este restaurante será carísimo. D

3. Me parece que Lidia está enfadada. H

4. Pienso que debes casarte ya con Jon. B

5. Los españoles son superficiales. C

6. El español es difícil. E

7. Seguramente mañana llegará Teresa. F

8. Aquí se puede fumar, ¿no? A

a. No, no creo que se pueda.

b. Pues yo no pienso que deba hacerlo tan pronto.

c. Yo no creo que lo sean, sólo lo parecen.

d. No, no creo que nos vayan a cobrar mucho.

e. ¿Por qué? A mí no me parece que sea más difícil que otra lengua.

f. Está en el extranjero, así que no creo que esté aquí mañana.

g. No tengo la impresión de que vaya a llover, porque no hay nubes.

h. No creo que lo esté, lo que pasa es que tiene un mal día.

2. Completa las frases escribiendo la forma correcta del verbo entre paréntesis:

Ej.: 1. No creo que se (PODER) ………….. entrar en ese museo sin pagar entrada.
No creo que se pueda entrar en ese museo sin pagar entrada.

2. Mis padres no tienen la impresión de que yo (APROVECHAR) …………….. el tiempo como debiera.

3. No me parece que Alba (ESTAR) …………….. muy enamorada de Alberto. Creo que no está convencida.

4. Muchas personas no creen que el gobierno (HACER) …………….. lo suficiente para solucionar el problema de la droga.

5. No tengo la impresión de que las cosas (MARCHAR) …………….. bien en esa empresa. La gente parece muy descontenta.

6. Juliana no cree que Marco (TENER) …………….. tiempo para ocuparse de los niños, así que va a contratar a una empleada de hogar.

7. Mis jefes no piensan que (nosotros, PODER) …………….. realizar este trabajo en tan poco tiempo, pero yo creo que lo vamos a conseguir.

8. No creo que Luz (VENIR) …………….. mañana a trabajar, porque está muy constipada.

3. Expresa desacuerdo con las siguientes afirmaciones utilizando "No creo que + presente de subjuntivo". Justifica el desacuerdo:

Ej.: 1. Supongo que Félix habrá hecho sus deberes…
Pues yo no creo que los haya hecho, es muy vago.

2. Rosa nos ayudará con la mudanza.
Yo no *creo que ella haya ayudado* ……………

3. Alberto está muy contento en su nuevo trabajo.
Pues ……………

4. Este concierto va a ser buenísimo.
No, ……………

5. El próximo fin de semana tendremos lluvia.
No, ……………

6. Creo que Felipe y Alberto se van a comprar un coche nuevo.
¡Qué dices! ……………

7. Me parece que a Sandra le ha tocado la lotería.
¿Estás loco? No ……………

8. Aquí se puede pagar con tarjeta, ¿verdad?
No, ……………

9. Estoy seguro de que la situación económica va a mejorar en el próximo año.
Pues yo ……………

10. A mí me parece que Eva y tú os vais a llevar muy bien.
Pues a mí ……………

aplicación

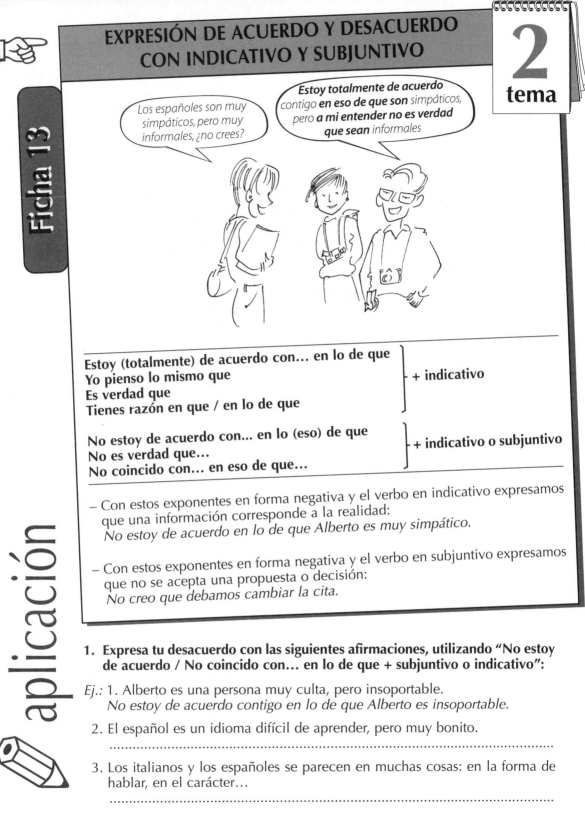

EXPRESIÓN DE ACUERDO Y DESACUERDO CON INDICATIVO Y SUBJUNTIVO

2 tema

Ficha 13

Los españoles son muy simpáticos, pero muy informales, ¿no crees?

*Estoy totalmente de acuerdo contigo **en eso de que son** simpáticos, pero **a mi entender no es verdad que sean** informales*

> **Estoy (totalmente) de acuerdo con... en lo de que**
> **Yo pienso lo mismo que**
> **Es verdad que**
> **Tienes razón en que / en lo de que**
> } **+ indicativo**

> **No estoy de acuerdo con... en lo (eso) de que**
> **No es verdad que...**
> **No coincido con... en eso de que...**
> } **+ indicativo o subjuntivo**

– Con estos exponentes en forma negativa y el verbo en indicativo expresamos que una información corresponde a la realidad:
  No estoy de acuerdo en lo de que Alberto es muy simpático.

– Con estos exponentes en forma negativa y el verbo en subjuntivo expresamos que no se acepta una propuesta o decisión:
  No creo que debamos cambiar la cita.

aplicación

1. **Expresa tu desacuerdo con las siguientes afirmaciones, utilizando "No estoy de acuerdo / No coincido con... en lo de que + subjuntivo o indicativo":**

Ej.: 1. Alberto es una persona muy culta, pero insoportable.
  No estoy de acuerdo contigo en lo de que Alberto es insoportable.

2. El español es un idioma difícil de aprender, pero muy bonito.
  ....

3. Los italianos y los españoles se parecen en muchas cosas: en la forma de hablar, en el carácter...
  ....

4. Las mejores épocas para viajar a Cuba son el verano y el otoño.

....

5. En los países nórdicos la gente es muy fría y antipática.

....

6. La mejor manera de aprender bien un idioma es aprender bien la gramática y el vocabulario y saber traducir.

....

7. La comida mexicana es muy monótona y muy picante.

....

8. Los argentinos son muy engreídos y bastante pedantes.

....

9. Los hombres latinos son más machistas que los anglosajones y mucho más anticuados.

....

10. Granada es la ciudad más bonita de España y la más grande.

....

2. Pregúntale a tu compañero/a qué piensa de las siguientes decisiones o hechos futuros:

Ej.: 1. (Os van a cambiar de clase para reorganizar la escuela.)
¿Qué opinas/piensas sobre eso de que nos cambien de clase?

2. (Los profesores os van a mandar más deberes para casa.)

....

3. (A tu compañero le van a cambiar a otro grupo de nivel más bajo.)

....

4. (En vuestro barrio van a construir un gran centro comercial.)

....

5. (Os van a subir el alquiler de vuestra casa.)

....

6. (A tu compañero le ha abandonado su novia.)

....

7. (Sus padres le han prohibido ir a la discoteca.)

....

3. Imagínate que tu compañero/a no está de acuerdo con esas decisiones y contesta utilizando "No estoy de acuerdo con eso de que + subjuntivo":

Ej.: 1. *No estoy de acuerdo con eso de que nos vayan a cambiar de clase.*
2. ....
3. ....
4. ....
5. ....
6. ....

aplicación

EXPRESIONES DE CONSTATACIÓN CON INDICATIVO Y SUBJUNTIVO

2 tema

Ficha 14

Está claro que este fin de semana **va** a hacer mal tiempo

Sí, pero *no está claro que* por eso **vayamos** a quedarnos en casa, ¿verdad?

Es verdad Es evidente Es cierto Está claro	+ QUE + indicativo
No es verdad No es evidente No es cierto No está claro	+ QUE + subjuntivo

1. Expresa la opinión contraria:

Ej.: 1. Es evidente que Alberto está enamorado de Mariana
No es evidente que Alberto esté enamorado de Mariana.

2. Está claro que Rosa y Pedro no tienen ganas de encontrarse con nosotros.
....

3. Es cierto que no hay muchas personas que puedan realizar ese trabajo.
....

4. Es verdad que llevamos mucho tiempo sin ir al cine ni al teatro.
....

5. Es evidente que las cosas no marchan bien con este gobierno.
....

6. Está claro que hay algún problema en el sistema operativo del ordenador.
....

7. Es verdad que últimamente nadie quiere ayudar a los demás.
....

aplicación

8. Está claro que Rebeca sabe muy bien lo que dice.

....

9. Es evidente que ese colegio es el más adecuado para nuestros hijos.

....

10. Es verdad que es muy difícil encontrar trabajo.

....

aplicación

2. Completa las frases con indicativo o subjuntivo:

1. Es evidente que Marisa (TENER) .... buenos conocimientos sobre el tema.

2. Está totalmente demostrado que el tabaco (PERJUDICAR) .... la salud.

3. No está claro que la informática (SER) .... la solución a todos los problemas.

4. Es cierto que muchas personas (SENTIRSE) .... disgustadas por tu comportamiento.

5. No es verdad que (HABER DICHO) .... algo malo sobre ti.

6. Está claro que Rafael (TRABAJAR) .... mejor en equipo.

7. No es evidente que la energía solar (PODER) .... ser implantada en todos los países.

3. Aquí tienes algunos datos de la historia reciente de España. Haz frases constatando la realidad:

1936. Estalla la Guerra Civil.
1939. Termina la Guerra Civil. Franco es nombrado jefe del Estado.
1975. Muere Franco. Juan Carlos de Borbón es nombrado rey de España.
1977. Se aprueba por referéndum la reforma política.
1978. Tienen lugar las primeras elecciones democráticas.
1982. Gana las elecciones el Partido Socialista.
1996. Los socialistas pierden las elecciones. Gana el Partido Popular.

Ej.: Es un hecho que la Guerra Civil duró tres años.

....
....
....
....
....
....
....
....

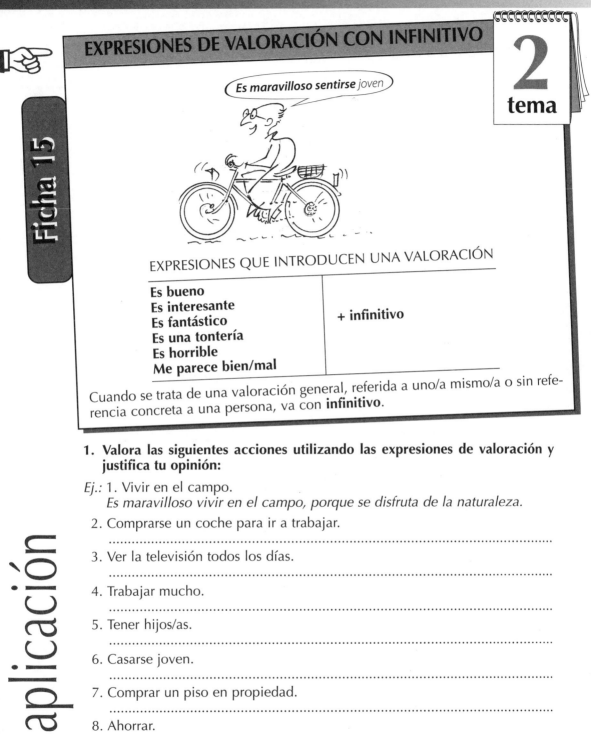

EXPRESIONES DE VALORACIÓN CON INFINITIVO

Es maravilloso sentirse joven

2
tema

EXPRESIONES QUE INTRODUCEN UNA VALORACIÓN

Es bueno Es interesante Es fantástico Es una tontería Es horrible Me parece bien/mal	+ infinitivo

Cuando se trata de una valoración general, referida a uno/a mismo/a o sin referencia concreta a una persona, va con **infinitivo**.

1. Valora las siguientes acciones utilizando las expresiones de valoración y justifica tu opinión:

Ej.: 1. Vivir en el campo.
Es maravilloso vivir en el campo, porque se disfruta de la naturaleza.

2. Comprarse un coche para ir a trabajar.
....

3. Ver la televisión todos los días.
....

4. Trabajar mucho.
....

5. Tener hijos/as.
....

6. Casarse joven.
....

7. Comprar un piso en propiedad.
....

8. Ahorrar.
....

9. Apadrinar a un/-a niño/a del Tercer Mundo.
....

10. Seguir la moda en el vestir.
....

aplicación

2. Clasifica en valoraciones positivas y negativas:

1. Es alucinante.
2. Es bárbaro/a.
3. Es maravilloso/a.
4. Es estupendo/a.
5. Me parece fatal.
6. Es bueno/a.
7. Es fabuloso/a.

8. Es genial.
9. Es espantoso/a.
10. Me horroriza.
11. Es horrible.
12. Es fantástico/a.
13. Es terrible.
14. Es bestial.

Positivas	Negativas
....	....
....	....
....	....
....	....
....	....
....	....
....	....

3. Escribe una frase con cada una de esas expresiones + infinitivo, con tus valoraciones personales:

Es alucinante ....
Es bárbaro/a ....
Es maravilloso/a ....
Es estupendo/a ....
Me parece fatal ....
Es bueno/a ....
Es fabuloso/a ....
Es genial ....
Es espantoso/a ....
Me horroriza ....
Es horrible ....
Es fantástico/a ....
Es terrible ....
Es bestial ....

4. ¿Cómo valoras estas actividades?:

Ej.: 1. al cine
   Es muy divertido ir al cine.

2. Pasear por el campo.
....

3. Salir con amigos/as.
....

4. Bailar en una discoteca.
....

5. Escuchar un concierto de música clásica.
....

6. Participar en un debate político.
....

7. Asistir a una conferencia.
....

8. Practicar algún deporte.
....

9. Leer algún libro.
....

10. Dormir la siesta.
....

aplicación

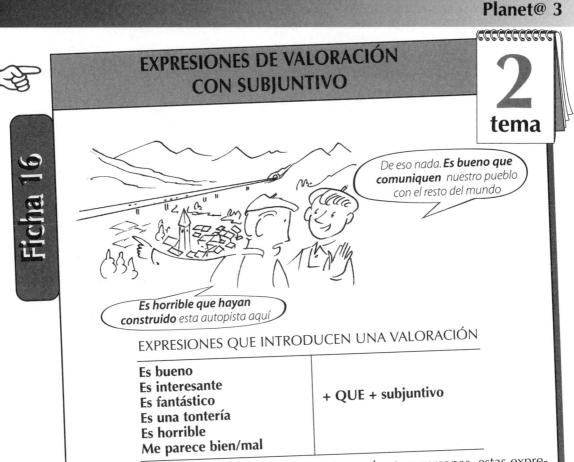

EXPRESIONES DE VALORACIÓN CON SUBJUNTIVO

2
tema

De eso nada. **Es bueno que comuniquen** *nuestro pueblo con el resto del mundo*

Es horrible que hayan construido *esta autopista aquí*

EXPRESIONES QUE INTRODUCEN UNA VALORACIÓN

Es bueno **Es interesante** **Es fantástico** **Es una tontería** **Es horrible** **Me parece bien/mal**	**+ QUE + subjuntivo**

Cuando se trata de la valoración de las acciones de otras personas, estas expresiones van con **QUE + subjuntivo**.

aplicación

1. Completa las frases escribiendo el verbo en subjuntivo:

1. Me parece mal que (DAR, tú) .... tanta importancia a ese asunto. No la tiene.
2. Es fantástico que (HABER DECIDIDO, vosotros) .... cambiar de vida. Estabais muy estresados.
3. Es horrible que algunos países (SUFRIR) .... tantas catástrofes naturales.
4. Me parece bárbaro que Elisa (VENIR) .... a Buenos Aires a visitarnos.
5. ¡Qué interesante que (HABER CONSTRUIDO, ellos) .... este parque temático!
6. Es una tontería que (IR, nosotros) .... a esa fiesta si no nos han invitado.
7. Me parece muy bien que (VENIR, tú) .... a verme cuando quieras.
8. Es bueno que (APRENDER, nosotros) .... muchos idiomas para comunicarnos con más gente.
9. Es una gran oportunidad que (PODER, nosotros) .... viajar a un país de habla hispana, así podemos practicar la lengua.
10. Me parece fatal que no (VENIR, ella) .... a mi fiesta de cumpleaños.

2. Formula una valoración de las siguientes acciones, expresando también la razón:

Ej.: 1. Juan ha vendido su casa de campo. Te parece horrible. Era preciosa.
Es horrible/Me parece horrible que hayas vendido tu casa de campo. Era preciosa.

2. Iria y Alejandro se han casado en secreto. Te parece fatal. Querías ir a su boda.
....
....

3. Tus padres han cambiado los muebles de tu habitación sin decirte nada. Te parece mal, porque no han contado contigo.
....
....

4. El Ayuntamiento ha prohibido el tráfico rodado los miércoles. Te parece fantástico, porque hay mucha contaminación.
....
....

5. La comunidad de vecinos de tu casa ha decidido prohibir la propaganda en los buzones. Te parece bien, porque es un tipo de publicidad molesta.
....
....

6. Tu mejor amigo te ha regalado un perro. Te parece una tontería, porque tu piso es muy pequeño.
....
....

7. Tus compañeros de clase han decidido hacer un proyecto sobre los museos de Madrid. Te parece muy interesante, porque te gustan mucho los temas culturales.
....
....

8. Tu hermana ha pedido una beca para estudiar en México. Te parece fabuloso, porque será una experiencia increíble.
....
....

9. Van a hacer peatonal tu calle y van a poner más árboles. Te parece muy buena idea. Hay que arreglar el centro de la ciudad.
....
....

10. La empresa en la que trabajas va a organizar unos cursos de formación. Es fantástico. Los empleados los necesitan.
....
....

aplicación

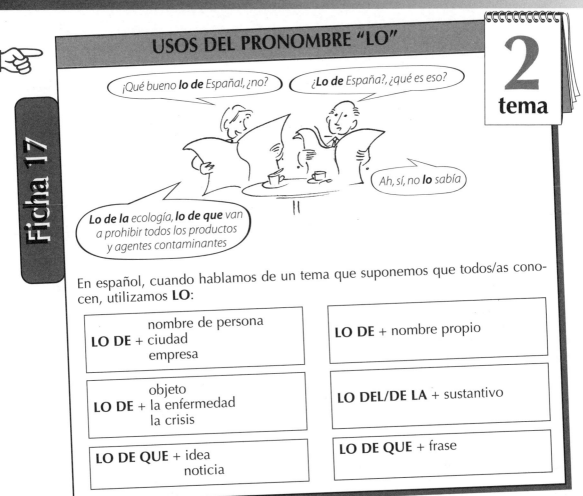

USOS DEL PRONOMBRE "LO"

2 tema

¡Qué bueno lo de España!, ¿no?

¿Lo de España?, ¿qué es eso?

Ah, sí, no lo sabía

Lo de la ecología, lo de que van a prohibir todos los productos y agentes contaminantes

En español, cuando hablamos de un tema que suponemos que todos/as conocen, utilizamos **LO**:

LO DE + nombre de persona / ciudad / empresa	**LO DE** + nombre propio
LO DE + objeto / la enfermedad / la crisis	**LO DEL/DE LA** + sustantivo
LO DE QUE + idea / noticia	**LO DE QUE** + frase

1. Aquí tienes unos diálogos en los que dos personas hablan de varios temas. Léelos y completa el cuadro:

¿Te has enterado de	LO DE ....?
	LO DEL ....?
	LO DE QUE ....?

a) – Oye, Juan, ¿te has enterado de lo del monumento a la paz?
– No. ¿Qué ha pasado?
– Pues, según el periódico, resulta que quieren poner un monumento a la paz en la plaza y...

b) – ¿Ya sabéis la noticia?
– ¿Qué noticia?
– Lo de Antonio.
– ¿Qué?
– Que Antonio se casa.

c) – Pues a mí me parece muy bien lo del centro.
  – ¿Quéee?, ¿qué es lo del centro?
  – Sí, hombre, lo de que van a prohibir el tráfico por el centro de la ciudad.
  – ¿Ah, sí?, no tenía ni idea.

d) – Oye, ¿has leído el periódico?
  – Sí.
  – ¿Y sabes qué es lo de Julio Iglesias?
  – Sí, hombre. Resulta que...

e) – Lo del trabajo de Puri me tiene muy preocupado.
  – ¿Lo del trabajo? ¿Qué trabajo?
  – Ay, mujer, es que nunca te enteras de nada. Pues que a la vecina del quinto le han cambiado el puesto de trabajo y…

2. Completa estos diálogos con LO DE, LO DEL, LO DE LA o LO DE QUE:

1. – ¿Te has enterado de .... Madrid?
   – No. ¿Qué pasa?
   – Pues la propuesta del Alcalde de construir una autopista subterránea y todo eso.

2. – ¿Te has enterado de .... autopista de Madrid?
   – No. ¿Qué pasa?
   – Pues la propuesta del Alcalde de construir una autopista subterránea y todo eso.

3. – ¿Te has enterado de .... van a construir una autopista subterránea por la ciudad?
   – Pues no.
   – Pues resulta que el Alcalde ha propuesto construir una autopista subterránea y todo el mundo está en contra.
   – ¿Ah, sí? No tenía ni idea.

4. – Ayer, por fin, me enteré de .... Carmen.
   – Y, ¿qué le pasa?
   – Que está embarazada de gemelos.
   – ¡Qué bien! Estará encantada, ¿no?
   – Pues sí.

5. – Me preocupa mucho .... enfermedad de Francisco.
   – ¿El qué?
   – Pues que le tienen que operar.
   – No sabía nada.

6. – .... Enrique no me parece bien.
   – ¿Qué?
   – Pues qué va a ser, lo del despido y todo eso.

7. – Me parece fatal .... no invitemos a Fernando a la fiesta. Si es muy simpático.
   – Pero, mujer, si no le invitamos porque se va de viaje, no por otra cosa.
   – Ah, bueno. Si es por eso, entonces vale.

aplicación

8. – Pues yo, con .... María no estoy de acuerdo.
   – ¿En qué?
   – En lo de que haya que pagarle todos los gastos mientras esté aquí.

9. – .... cumpleaños de Alberto salió fenomenal.
   – ¿El qué?
   – Pues la fiesta sorpresa, hombre. ¡Qué va a ser!

10. – ¿Qué tal con Hernando?
    – .... trabajemos juntos, bien; él, un idiota.

3. Aquí tienes algunas noticias. Da tu opinión sobre ellas:

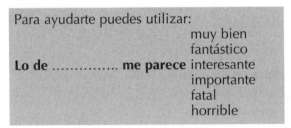

Para ayudarte puedes utilizar:

Lo de .... **me parece**
muy bien
fantástico
interesante
importante
fatal
horrible

Noticias:

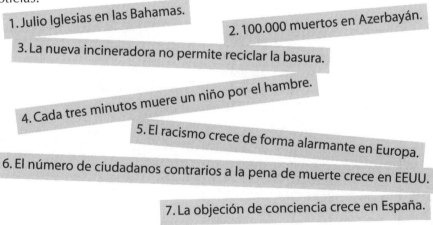

1. Julio Iglesias en las Bahamas.
2. 100.000 muertos en Azerbayán.
3. La nueva incineradora no permite reciclar la basura.
4. Cada tres minutos muere un niño por el hambre.
5. El racismo crece de forma alarmante en Europa.
6. El número de ciudadanos contrarios a la pena de muerte crece en EEUU.
7. La objeción de conciencia crece en España.

4. Aquí tienes unos titulares de algunos periódicos. Imagina que quieres contarle lo ocurrido a un/-a amigo/a. Utiliza las expresiones para introducir el tema. No olvides LO DE...

Titulares:

– Los escándalos sexuales enturbian la campaña electoral del Presidente.
– Las mujeres católicas también quieren tener derecho a ser sacerdotes.
– Los científicos confirman que están preparados para clonar seres humanos.
– Una mujer da a luz octillizos tras un tratamiento de fertilización en los EEUU.
– En los últimos años se ha estabilizado el número de afectados de SIDA en Europa.

aplicación

Ficha 18

EL FUTURO SIMPLE Y EL COMPUESTO

2 tema

> ¿Cómo es que Alberto y Emilio no han llegado todavía?

> Sí, es raro, **habrán tenido** algún problema

> No, hombre, ya **verás, estarán** a punto de llegar

Para **EXPRESAR UNA HIPÓTESIS**, algo de lo que no estamos seguros/as, utilizamos también el futuro simple o el compuesto.

• FUTURO SIMPLE

(Yo)	amar**é**	beber**é**	vivir**é**
(Tú)	amar**ás**	beber**ás**	vivir**ás**
(Usted)	amar**á**	beber**á**	vivir**á**
(Él/Ella)	amar**á**	beber**á**	vivir**á**
(Nosotros/as)	amar**emos**	beber**emos**	vivir**emos**
(Ustedes*)	amar**án**	beber**án**	vivir**án**
(Ellos/as)	amar**án**	beber**án**	vivir**án**

* En casi toda España:				
Informal	(Vosotros/as)	amar**éis**	beber**éis**	vivir**éis**
Formal	(Ustedes)	amar**án**	beber**án**	vivir**án**

• FUTURO COMPUESTO

(Yo)	**habré**	
(Tú)	**habrás**	
(Usted)	**habrá**	
(Él/Ella)	**habrá**	+ am**ado**, beb**ido**, viv**ido**
(Nosotros/as)	**habremos**	
(Ustedes*)	**habrán**	
(Ellos/as)	**habrá**	

* En casi toda España:			
Informal	(Vosotros/as)	**habréis**	+ am**ado**, beb**ido**, viv**ido**
Formal	(Ustedes)	**habrán**	

aplicación

1. **Descubre siete formas irregulares del futuro simple y di a qué persona corresponden:**

D	I	R	E	H	T	X	F	H	V	A	E	J	K	H	F	M	V
P	J	O	W	N	E	A	J	K	H	A	R	E	M	O	S	Ñ	E
L	O	S	D	M	N	P	L	A	S	F	X	J	K	M	I	E	N
A	M	D	D	U	D	L	N	Ñ	A	J	H	Y	E	O	U	Q	D
A	F	J	R	O	R	M	X	F	L	O	Ñ	A	V	N	A	U	R
M	F	A	X	A	E	Ñ	S	A	D	P	C	X	M	D	I	E	E
O	H	I	L	P	I	M	P	N	R	I	H	I	A	N	X	R	M
T	K	P	S	X	S	J	K	L	A	P	M	L	T	Ñ	N	R	O
T	E	N	D	R	E	M	O	S	B	C	U	E	M	O	S	E	S

Ej.: Diré (yo).

2. **Forma el futuro compuesto de los siguientes verbos con las personas que se indican:**

1. Estar (él). ....
2. Tener (ellos). ....
3. Comer (ustedes). ....
4. Morir (ellos). ....
5. Escribir (nosotros). ....
6. Decir (yo). ....
7. Ir (tú). ....
8. Romper (vosotros). ....
9. Levantarse (ella). ....
10. Afeitarse (usted). ....

3. **Conjuga el futuro simple de los siguientes verbos y después agrúpalos según el tipo de irregularidad:**

	Salir	Querer	Poder
(Yo)	saldré	querré	podré
(Tú)			
(Usted)			
(Él/Ella)			
(Nosotros/as)			
(Vosotros/as)			
(Ustedes)			
(Ellos/as)			

aplicación

fácil de

	Haber	Tener	Saber
(Yo)	habré	tendré	sabré
(Tú)			
(Usted)			
(Él/Ella)			
(Nosotros/as)			
(Vosotros/as)			
(Ustedes)			
(Ellos/as)			

	Poner	Hacer	Decir
(Yo)	pondré	haré	diré
(Tú)			
(Usted)			
(Él/Ella)			
(Nosotros/as)			
(Vosotros/as)			
(Ustedes)			
(Ellos/as)			

Irregularidades:

1. Cambian la vocal de la terminación por una -d.
2. Pierden la vocal de la terminación.
3. Otra.

1. ....
....
2. ....
....
3. ....
....

aplicación

EL FUTURO PARA EXPRESAR LA HIPÓTESIS

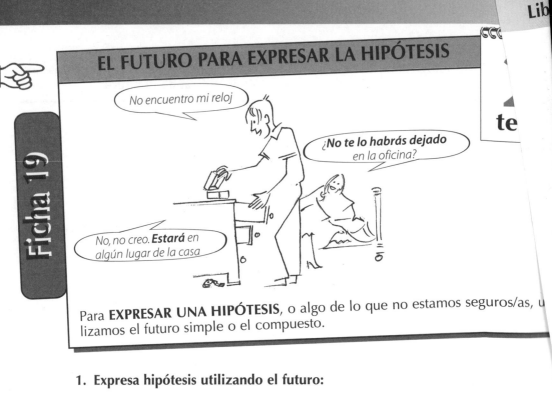

No encuentro mi reloj

¿**No te lo habrás dejado** en la oficina?

No, no creo. **Estará** en algún lugar de la casa

te

Para **EXPRESAR UNA HIPÓTESIS**, o algo de lo que no estamos seguros/as, u
lizamos el futuro simple o el compuesto.

1. Expresa hipótesis utilizando el futuro:

Ej.: 1. ¿Cuántos años tiene Ramón? Creo que tiene unos treinta.
Ramón tendrá (unos) treinta años.

2. Me parece que es alemán por su aspecto.
....

3. Juan seguramente ha estado tomando unas copas.
....

4. Este hotel debe de ser muy caro.
....

5. Alfredo y Luisa están muy contentos. Seguro que han hecho las paces.
....

6. ¿Que dónde está Jacinta? Seguramente está en la oficina todavía, porque
tiene mucho trabajo.
....

7. Mi vecino siempre conduce unos coches increíbles. Debe de tener mucho
dinero.
....

8. Lucas está muy serio últimamente. Seguramente ha tenido algún disgusto
con su familia.
....

9. Marga todavía no ha llegado. Seguro que ha perdido el avión.
....

10. Siempre va muy bien vestida. Creo que es una alta ejecutiva.
....

Ficha 19

aplicación

2. Tu amigo Juan tiene muy mal aspecto últimamente. Entre varios/as amigos/as formuláis las siguientes hipótesis utilizando el futuro:

1. Está trabajando muchas horas.

....

2. Tiene problemas con su mujer.

....

3. Está un poco corto de dinero y tiene preocupaciones.

....

4. Duerme poco por las noches, porque ha tenido un niño hace poco.

....

5. Está enfermo.

....

6. Ha estado saliendo mucho de copas por las noches.

....

7. Está haciendo régimen.

....

8. Le ha afectado mucho la muerte de su padre.

....

9. No se cuida nada.

....

10. Bebe y fuma en exceso.

....

3. Transforma las siguientes frases como en el modelo:

Ej.: 1. Juan no contesta, tal vez está en la ducha.
  Juan no contesta, estará en la ducha.

2. Mónica no ha llegado aún. Quizás se ha olvidado de la reunión.

....

3. Teresa no tiene coche. Seguramente le da miedo conducir en la ciudad.

....

4. Lorenzo nunca monta en avión. Tal vez tenga fobia a los vuelos.

....

5. No encuentro las llaves del coche. Seguramente me las he dejado en el bar.

....

6. Sonia parece muy feliz. Tal vez se ha enamorado.

....

aplicación

EXPRESIONES DE CONSEJO CON INFINITIVO

3 tema

> Y, ¿cómo voy? ¿En coche?

> No, **es mejor ir** en metro. Se tarda menos.

Para **DAR CONSEJOS**, en español hay varias posibilidades. Estas son algunas:

Expresiones impersonales	**Es (mucho) mejor** **Lo mejor es** **Es recomendable** **Es aconsejable** **Es preferible**	**+ infinitivo**
Verbos de consejo	**aconsejar** **recomendar** **sugerir**	

aplicación

1. Estos son los consejos que la Dra. Santillana da a su paciente. Completa las frases con:

Le aconsejo	Es aconsejable
Es mejor	
Es preferible	

1. Le .... no fumar tanto: no deje de fumar, pero fume menos.
2. Tiene usted problemas de espalda. En estos casos, es .... hacer algo de ejercicio.
3. Para las personas que tienen problemas de estómago, como usted, es .... hacer una dieta sana, con muchas verduras, pescado, etc.
4. Le .... trabajar menos. Es .... descansar si tiene mucho estrés.
5. Le voy a recetar un calmante; recuerde que con los calmantes es .... no beber alcohol.
6. ¡Ah, por cierto! Bebe usted demasiado y su tensión es muy alta. Así que le .... beber sólo un par de vasos de vino al día.
7. Como tiene usted problemas para dormir, le .... darse un paseo antes de acostarse: así estará más relajado.
8. Y no se preocupe tanto, está usted muy nervioso, tenso. Le .... cambiar un poco su manera de ver las cosas: trate de tomarse la vida con más calma.

2. Lee estas recomendaciones de un madrileño a un amigo alemán que va a viajar a Madrid:

Querido Holger:

Me alegro mucho de que vengas a Madrid, creo que es una ciudad que te va a gustar mucho. Lo que siento es que no voy a estar cuando tú llegues: tengo un viaje de trabajo. Me gustaría darte una serie de consejos sobre la ciudad y, como no tengo mucho tiempo, te hago una lista:

- Desde el aeropuerto, **es mejor tomar** un autobús que va hasta el centro, porque los taxis son un poco caros y en Madrid hay mucho tráfico.
- En general, **te recomiendo usar** el metro para moverte por la ciudad, es lo más rápido.
- En Madrid hay muchos museos interesantes y, si no tienes mucho tiempo, tendrás que elegir algunos. **Te aconsejo visitar** el Museo del Prado, es fantástico. Lo mejor es ir entre semana, el fin de semana hay mucha gente.
- Lo mismo te digo si quieres visitar Toledo, Segovia, El Escorial... Los fines de semana están llenas. **Es preferible verlas** entre semana.
- Madrid es una gran ciudad, y a veces hay robos, por lo que te recomiendo un poco de cuidado. Por ejemplo, **es aconsejable no llevar** encima mucho dinero, tarjetas de crédito y documentos importantes. Por eso, es **mejor dejar** el pasaporte en casa y llevar una fotocopia.
- Hay una parte antigua muy bonita: **te aconsejo visitarla**. Hay muchos bares para tomar tapas, mucho ambiente...
- ¡Ah! Y no te pierdas la noche madrileña, que es muy divertida. **Lo mejor es ir** al centro, donde hay muchos sitios para tomar algo, espectáculos, etc.

Bueno, y no se me ocurre nada más. Te deseo un buen viaje y que tu estancia aquí sea estupenda.

Un abrazo,
Chema.

¿Puedes escribir una carta parecida referente a tu ciudad?

"Querido/a ....

.... aquí tienes la lista de consejos:
.... es mejor ....
.... te recomiendo.........
.... etc.

Un abrazo,
X."

aplicación

EXPRESIONES DE CONSEJO CON SUBJUNTIVO

3 tema

Le aconsejo que reserve
el billete lo antes posible

Expresiones impersonales	**Es (mucho) mejor,** **Lo mejor es** **Es preferible**	**+ QUE + subjuntivo**
Verbos de consejo	**aconsejar** **recomendar**	

1. Completa:

1. – Te aconsejo que no (DEJAR, tú) .... ese trabajo.

2. – ¿Y tú qué crees que es mejor, que (IR, nosotros) .... a un restaurante español o a uno internacional?

   – Hombre, yo os recomiendo que (IR, vosotros) .... a uno español, comida internacional la tenéis en vuestro país.

3. – Sinceramente, creo que es preferible que te lo (PENSAR, tú) .... antes de ir a hablar con ella.

4. – He consultado con una abogada, que me ha recomendado que no (PONER, yo) .... la denuncia.

5. – Lo mejor es que no (PENSAR, tú) .... tanto y (HACER, tú) .... algo.

6. – ¿Qué me aconsejas?

   – Nada, que (TRANQUILIZARSE, tú), ... que no (PENSAR, tú) .... tanto, que (HABLAR, tú) .... con él, y que le (DECIR, tú) .... la verdad, pero, sobre todo, que (BUSCAR, tú) .... una manera de no dramatizar tanto. En fin, que (TOMARSE, tú) .... la vida de otra manera.

Ficha 21

aplicación

2. Escribe los consejos según el modelo. Puedes utilizar todas las formas de la ficha:

Ej.: 1. María está de muy mal humor./No hablar con ella.
Te aconsejo que no hables con María, está de muy mal humor.

2. No hay muchas plazas para ese vuelo. / Reservar el billete ya.
....

3. La grande es muy fea. / Comprar la pequeña.
....

4. Hay mucho tráfico. / Tomar el metro.
....

5. Es un barrio muy peligroso. / Tener cuidado.
....

6. Estás demasiado preocupada. / Salir, ir al cine, llamar a algún amigo.
....

7. Llegas siempre tarde al trabajo. / Levantarte antes.
....

8. No hay mucha visibilidad en esta carretera. / Conducir más despacio.
....

9. Es uno de los mejores museos del mundo. / Visitarlo.
....

10. En la autopista hay mucho atasco. / Ir por otra carretera.
....

11. Es un perro muy peligroso. / No acercarte.
....

¿Puedes dar los mismos consejos con "usted"?

1. ....
2. ....
3. ....
4. ....
5. ....
6. ....
7. ....
8. ....
9. ....
10. ....
11. ....

aplicación

EL CONDICIONAL SIMPLE Y COMPUESTO

3 tema

¿Cuál compro?

Yo que tú *compraría* la pequeña

Yo que tú *habría comprado* una más grande

CONDICIONAL SIMPLE

	VERBOS REGULARES	VERBOS IRREGULARES	
(Yo) (Tú) (Usted) (Él/Ella) (Nosotros/as) (Ustedes*) (Ellos/as)	**INFINITIVO** comprar entender pedir +	-ía -ías -ía -ía -íamos -ían -ían	tendr- pondr- vendr- valdr- saldr- podr- habr- sabr- cabr- dir- har- querr- +	ía ías ía ía íamos ían ían

* En casi toda España:

Informal	(Vosotros/as)	**compraríais, pediríais, saldríais**
Formal	(Ustedes)	**comprarían, pedirían, saldrían**

CONDICIONAL COMPUESTO

(Yo)	**habría**	
(Tú)	**habrías**	
(Usted)	**habría**	
(Él/Ella)	**habría**	**comprado, entendido, pedido, dicho, hecho,** etc.
(Nosotros/as)	**habríamos**	
(Ustedes*)	**habrían**	
(Ellos/as)	**habrían**	

* En casi toda España:

Informal	(Vosotros/as)	**habríais comprado, pedido, salido,** etc.
Formal	(Ustedes)	**habrían comprado, pedido, salido,** etc.

1. Completa con el condicional simple:

1. Yo, en tu lugar, (COMPRAR) .... un ordenador portátil.

2. ¿(PODER, usted) .... decirme dónde está la calle del Rollo?

3. Yo, en tu lugar, (ACTUAR) .... ya, no (DAR) .... tantas vueltas a la decisión.

4. Sí, ya sé que tú, en mi lugar, no (PENSAR) .... tanto, pero yo soy así.

5. ¿Qué (DECIRLE, vosotros) .... a Juan? No sé qué hacer.

6. En nuestra empresa (RESOLVER, nosotros) .... este problema de otra manera, más rápida, más eficaz…

7. Yo que tú, (TRABAJAR) .... menos.

8. ¿(SER, usted) .... tan amable de dejarme un bolígrafo?

9. ¿(HACERME, vosotros) .... un favor? ¿(PODER, vosotros) .... llamar a Pilar y decirle que no puedo ir?

10. Yo que tú no (BEBER) .... tanto.

11. ¿Qué (HACER, tú) .... en una situación como esta?

2. Relaciona:

yo	podríamos	querer
tú	dirían	poner
usted	podría	venir
él/ella	saldrías	valer
nosotros/as	pondrías	salir
ustedes	querría	poder
ellos/as	vendríais	haber
vosotros/as	harían	decir
	tendríamos	hacer
	diría	tener
	valdríais	
	habría	

3. Escribe la forma del condicional compuesto:

1. Hacer (tú). ....
2. Poner (ustedes). ....
3. Comprar (tú). ....
4. Ser (yo). ....
5. Decir (vosotros). ....
6. Leer (ellos). ....
7. Volver (usted). ....
8. Salir (ustedes). ....
9. Poner (nosotros). ....
10. Ver (ella). ....

aplicación

4. Estas son algunas cosas que Roberto hizo. ¿Tú habrías hecho lo mismo? Escribe las frases según el modelo:

Ej.: 1. Había mucho tráfico y fue al centro en coche. / Tomar el metro.
Yo habría tomado el metro.

2. Le dolía el estómago y cenó mucho. / Cenar un poco de fruta.
....

3. Estaba muy cansado y salió con unos amigos hasta las tres. / Quedarme en casa.
....

4. Estaba lloviendo y se fue a dar un paseo, aunque estaba resfriado. / No salir.
....

5. Tenía poco dinero e invitó a un amigo a un restaurante carísimo. / Ir a uno más barato.
....

6. Estropeó la lavadora porque no sabía cómo funcionaba. / Leer las instrucciones antes de ponerla.
....

7. Firmó un contrato sin leerlo. / Leerlo antes de firmarlo.
....

8. Aunque estaba aburrido, hizo lo de siempre. / Hacer algo diferente.
....

9. Discutió con un compañero y le dijo que era un idiota. / No decirle eso.
....

10. Estaba muy deprimido y vio una película muy triste. / Ver otra.
....

11. Se puso vaqueros para ir a una fiesta muy elegante. / Ponerse un esmoquin.
....

12. Dejó su trabajo sin pensar en las consecuencias. / Pensarlo mejor.
....

13. Se enfadó con su novia y rompió todas las fotos. / No romperlas.
....

aplicación

Ficha 23

aplicación

EXPRESIONES DE CONSEJO CON CONDICIONAL

3 tema

¿Tú qué harías en mi lugar?

Yo me iría de vacaciones

Para **EXPRESAR CONSEJO**, en español también podemos usar:

Yo, en tu lugar,
Yo que tú
Yo
} + **condicional simple o compuesto**

1. Esta es la situación de Javier y algunos consejos que se le pueden dar. Relaciona:

1. Está harto de su trabajo: trabaja demasiado.

2. No sabe si alquilar una casa en la montaña o en la playa.

3. Su novia vive en el extranjero y Javier gasta mucho dinero en teléfono.

4. Tiene problemas de salud que ningún médico le ha solucionado hasta ahora.

5. Su amigo Pablo está muy raro. Javier no sabe qué le pasa.

6. Tiene bastante dinero ahorrado y no sabe qué hacer con él.

7. No sabe si comprar un coche o una moto.

8. Duerme mal.

a. Comprar un piso.

b. Ir a un/-a homeópata.

c. Instalar Internet en casa para poder usar el correo electrónico.

d. Hablar con Pablo.

e. Comprar un coche, es menos peligroso.

f. Buscar otro trabajo.

g. Dar un paseo antes de ir a dormir.

h. Alquilar una casa en la playa, el clima es mejor.

2. Ahora, escribe los consejos:

....
....
....
....
....
....
....
....

3. Carmen ha hecho una serie de cosas y se lo dice a su amiga María Sabidilla, que, en su lugar, habría hecho otras. Completa según el modelo, utilizando "Yo, en tu lugar / Yo que tú / Yo...,":

Ej.: 1. Carmen: He estado en el restaurante "Joaquín" y he comido carne. / pescado
María Sabidilla: *Yo, en tu lugar, habría comido pescado.*

2. C.: He comprado una falda. / pantalones
M. S.: ....

3. C.: He pasado las vacaciones en el Norte. / el Sur
M. S.: ....

4. C.: Fui a Galicia en coche. / tren
M. S.: ....

5. C.: El sábado fui al cine. / teatro
M. S.: ....

6. C.: Cuando salí del cine, me tomé un café. / té
M. S.: ....

7. C.: Le compré a Marta una planta por su cumpleaños. / libro
M. S.: ....

8. C.: He pintado mi habitación de blanco. / negro
M. S.: ....

9. C.: Me he casado con Antonio. / Juan
M. S.: ....

10. C.: Me he matriculado en un curso de yoga. / tai-chi
M. S.: ....

11. C.: He ido a Nueva York en avión. / barco
M. S.: ....

aplicación

Ficha 24

ORACIONES CONDICIONALES REALES CON PRESENTE

3 tema

Si termino pronto me voy al cine

Para **EXPRESAR CONDICIONES** de algo que se considera que puede realizarse o ser verdad en el presente o el futuro, se emplea:

> **SI + verbo en presente* + verbo en presente****

* El verbo en presente que va después de **SI** puede referirse a algo presente o a algo futuro, pero nunca tiene la forma del futuro.

** Este verbo en presente puede tener valor de futuro, como en el ejemplo.

aplicación

1. ¿Cuáles de estas frases se refieren al presente y cuáles al futuro?:

1. Yo, si tengo tiempo, hago yoga todos los días. *futuro pres.*
2. Ya te he dicho que no voy a ir al cine. Si digo que no tengo ganas de hacer algo, es porque no tengo ganas y ya está. *presente*
3. Si puedo, te llamo esta noche. *futuro*
4. Si me das un minuto, te paso esto al ordenador. *presente fut.*
5. Esto son lentejas. Si quieres las tomas y, si no, las dejas (refrán español). *fut. pres.*
6. Normalmente, si voy a la compra, llevo una lista escrita. Si no, se me olvida todo. *fut.*
7. ¿Cómo quieres que sepa qué problema tienes? Si no me lo cuentas, no *pres.* puedo saberlo. *pres.*
8. El sábado, si hace buen tiempo, vamos a la piscina. *fut.*

2. Estas son cosas que Ana hace. Transforma las frases como en el modelo:

Ej.: 1. Nunca lleva calcetines gruesos, menos los días en que hace frío, en los que se pone dos pares de calcetines de lana.
*Normalmente, Ana no lleva calcetines gruesos, pero, **si hace** frío, se pone dos pares de calcetines de lana.*

2. No sale de casa si hace mucho frío, pero en la época en que hay nieve, va a la montaña a esquiar.

3. Normalmente compra la comida en el mercado, pero después del trabajo, como no tiene mucho tiempo, hace la compra en el supermercado.

....

4. Suele leer después de cenar, pero a veces está muy cansada por la noche y ve la televisión.

....

5. Le gusta hablar por teléfono con sus amigos/as, pero alguna vez está de muy mal humor y deja el teléfono descolgado para no hablar con nadie.

....

6. Es una persona muy pacífica, pero a veces se enfada y grita mucho.

....

7. No le gusta viajar en avión, pero a veces tiene que hacerlo porque tiene que ir a países que están muy lejos.

....

8. Va a nadar pocas veces: los días en que sale pronto del trabajo.

....

9. Raramente se acuesta tarde, pero si hay una película interesante en la televisión, se queda despierta hasta la una o las dos.

....

3. ¿Qué vas a hacer este fin de semana? Escríbelo:

a. Hacer buen tiempo

b. Tener dinero.

c. Sacar entradas.

Ej.: Si hace buen tiempo… voy al campo.

d. Estar cansado/a.

e. Estar de buen humor.

aplicación

Ficha 25

ORACIONES CONDICIONALES REALES CON FUTURO

3
tema

Si el tráfico *va* bien, *estaré* allí a las cinco

Para **EXPRESAR CONDICIONES** de algo que se considera que puede realizarse o ser verdad en el presente o el futuro, también podemos usar:

> **SI + verbo en presente* + verbo en futuro****

* En este caso, el verbo en presente tiene significado de futuro.
** El futuro tiene valor de predicción.

aplicación

1. Completa:

1. Si seguimos viviendo de esta manera tan poco sana, (TENER, nosotros) enfermos problemas de salud.
2. Si el tiempo sigue nublado, mañana (NEVAR) nieva..... y (PODER, nosotros) podremos. ir a esquiar. ¡Qué bien!
3. Si la política económica del Gobierno no cambia, la inflación (SUBIR) .... y (VENIR) .... problemas.
4. Si no vienes, (ARREPENTIRSE, tú). .... Va a ser una fiesta muy divertida.
5. Si no hablas ahora con él, no (RESOLVER, tú) .... nunca el problema y no (SALIR, vosotros) .... de esta situación.
6. Si sigues mis consejos, (SER, tú) .... feliz.
7. Si todo va bien, dentro de unos días (ESTAR, yo) .... en Caracas.
8. Si no cambias tu forma de ver el trabajo, siempre (ESTAR, tú) .... insatisfecha.

2. Rosa tiene veintidós años y está terminando la carrera. Mira esta lista de predicciones sobre su futuro y escribe la frase:

Ej.: 1. Pronto terminar la carrera.
Pronto terminará la carrera.

2. Encontrar un trabajo.
....

3. Irse de casa de sus padres.

....

4. Alquilar un piso.

....

5. Viajar mucho.

....

6. Tener pareja.

....

7. Vivir con su pareja.

....

8. No casarse.

....

9. Tener hijos.

....

10. Comprar un piso.

....

11. Tener un perro.

....

3. Y estas son las condiciones para que las predicciones sobre la vida de Rosa se cumplan. Escribe las frases:

Ej.: 1. Condición: Seguir estudiando como hasta ahora.
Si sigue estudiando como hasta ahora, pronto terminará la carrera.

2. Tener suerte. Encontrar un trabajo.
3. Ganar suficiente dinero. Irse de casa de sus padres.
4. Encontrar un piso barato. Alquilar un piso.
5. Tener suficiente tiempo y dinero. Viajar mucho.
6. Seguir como hasta ahora. Tener pareja.
7. La relación ir bien. Irse a vivir con su pareja.
8. No cambiar de manera de pensar. No casarse.
9. No haber ningún problema. Tener hijos.
10. Ahorrar dinero. Comprar un piso.
11. Tener una casa con jardín. Tener un perro.

....
....
....
....
....
....
....
....
....
....

aplicación

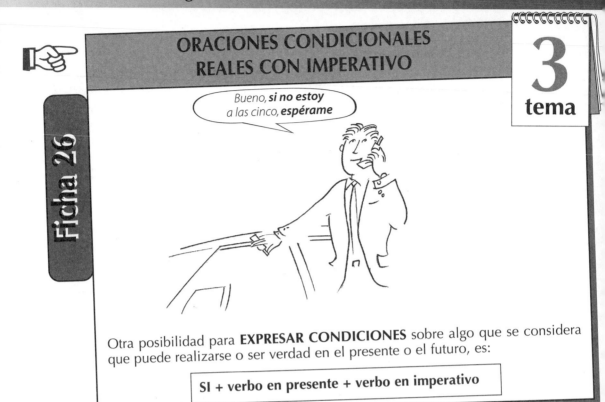

ORACIONES CONDICIONALES REALES CON IMPERATIVO

3 tema

Ficha 26

*Bueno, **si no estoy** a las cinco, **espérame***

Otra posibilidad para **EXPRESAR CONDICIONES** sobre algo que se considera que puede realizarse o ser verdad en el presente o el futuro, es:

SI + verbo en presente + verbo en imperativo

1. ¿Recuerdas el imperativo? Completa el cuadro:

AFIRMATIVO

	Tomar	Comer	Escribir	Ir	Tener	Decir	Salir
(Tú)							
(Usted)							
(Vosotros/as)							
(Ustedes)							

NEGATIVO

	Tomar	Comer	Escribir
(Tú)	No	No	No
(Usted)	No	No	No
(Vosotros/as)	No	No	No
(Ustedes)	No	No	No

	Ir	Tener	Decir	Salir
(Tú)	No	No	No	No
(Usted)	No	No	No	No
(Vosotros/as)	No	No	No	No
(Ustedes)	No	No	No	No

aplicación

2. ¿Recuerdas estos consejos que Chema, un madrileño, dio a su amigo Holger, alemán que va a viajar a Madrid? Complétalos según el modelo:

Ej.: 1. *Desde el aeropuerto, es mejor tomar un autobús que va hasta el centro, porque los taxis son un poco caros y en Madrid hay mucho tráfico.*
   – Llegar de noche. / Tomar un taxi, es más cómodo.
   – Acordarte. / No pagar al taxista con un billete grande: les molesta mucho.

   Si llegas de noche, toma un taxi, es más cómodo. Si te acuerdas, no pagues al taxista con un billete grande: les molesta mucho.

2. *En general, te recomiendo usar el metro para moverte por la ciudad, es lo más rápido.*
   – No haber mucho tráfico. / Tomar el autobús, es más agradable.
   – Salir a algún sitio cerca de Madrid (Toledo, El Escorial). / Tomar el tren: así evitas los atascos.

   ....
   ....

3. *En Madrid hay muchos museos interesantes y, si no tienes mucho tiempo, tendrás que elegir algunos. Te aconsejo visitar el Museo del Prado, es fantástico. Lo mejor es ir entre semana, el fin de semana hay mucha gente.*
   – Tener tiempo. / Visitar el Museo Sorolla, es precioso.
   – Decidir ir. / No ir los miércoles.

   ....
   ....

4. *Lo mismo te digo si quieres visitar Toledo, Segovia, El Escorial. Los fines de semana están llenas. Es preferible verlas entre semana.*
   – Poder. / Ir a Sevilla, es una ciudad fascinante.
   – Ser posible. / Tomar el AVE: es rapidísimo.

   ....
   ....

5. *Madrid es una gran ciudad y, a veces, hay robos, por lo que te recomiendo un poco de cuidado. Por ejemplo, es aconsejable no llevar encima mucho dinero, tarjetas de crédito y documentos importantes. Por eso, es mejor dejar el pasaporte en casa y llevar una fotocopia.*
   – Ir por el centro. / Tener cuidado con la cartera.
   – Salir de noche. / No llevar el pasaporte encima.

   ....
   ....

6. *Hay una parte antigua muy bonita: te aconsejo visitarla. Hay muchos bares para tomar tapas, mucho ambiente…*
   – Tener suficiente dinero. / Ir a los mesones.
   – Ser tarde. / Ir a tomar churros a una churrería: hay mucho ambiente.

   ....
   ....

7. *¡Ah! Y no te pierdas la noche madrileña, que es muy divertida. Lo mejor es ir al centro, donde hay muchos sitios para tomar algo, espectáculos, etc.*
   – Querer escuchar flamenco. / Ir a algún tablao, pero no ir a los tablaos para turistas.
   – Poder. / Llamar antes a Yolanda, que conoce tablaos buenos.

   ....
   ....

aplicación

EL IMPERFECTO DE SUBJUNTIVO

3 **tema**

Ficha 27

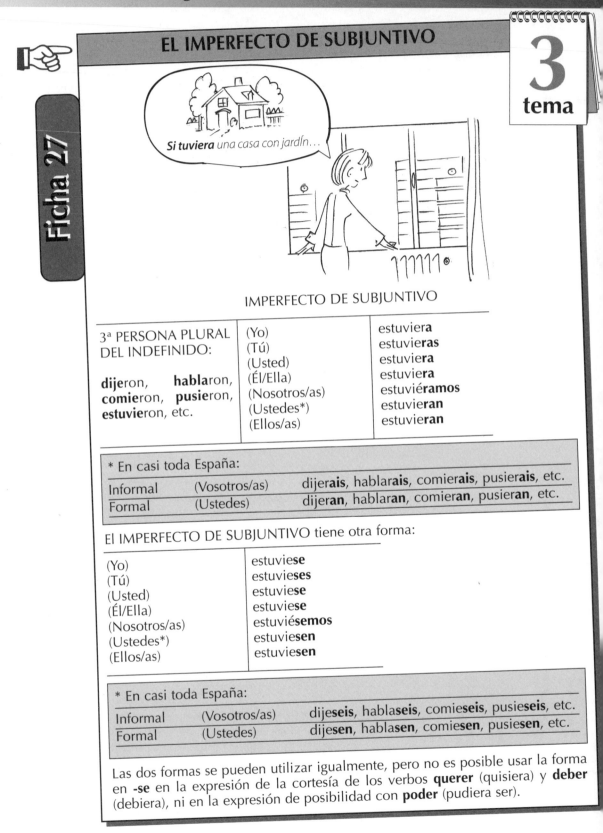

Si tuviera una casa con jardín...

IMPERFECTO DE SUBJUNTIVO

3ª PERSONA PLURAL DEL INDEFINIDO:		
dijeron, **habla**ron, **comie**ron, **pusie**ron, **estuvie**ron, etc.	(Yo)	estuvi**era**
	(Tú)	estuvi**eras**
	(Usted)	estuvi**era**
	(Él/Ella)	estuvi**era**
	(Nosotros/as)	estuvi**éramos**
	(Ustedes*)	estuvi**eran**
	(Ellos/as)	estuvi**eran**

* En casi toda España:

Informal	(Vosotros/as)	dije**rais**, habla**rais**, comie**rais**, pusie**rais**, etc.
Formal	(Ustedes)	dije**ran**, habla**ran**, comie**ran**, pusie**ran**, etc.

El IMPERFECTO DE SUBJUNTIVO tiene otra forma:

(Yo)	estuvi**ese**
(Tú)	estuvi**eses**
(Usted)	estuvi**ese**
(Él/Ella)	estuvi**ese**
(Nosotros/as)	estuvi**ésemos**
(Ustedes*)	estuvi**esen**
(Ellos/as)	estuvi**esen**

* En casi toda España:

Informal	(Vosotros/as)	dije**seis**, habla**seis**, comie**seis**, pusie**seis**, etc.
Formal	(Ustedes)	dije**sen**, habla**sen**, comie**sen**, pusie**sen**, etc.

Las dos formas se pueden utilizar igualmente, pero no es posible usar la forma en **-se** en la expresión de la cortesía de los verbos **querer** (quisiera) y **deber** (debiera), ni en la expresión de posibilidad con **poder** (pudiera ser).

1. **Relaciona los imperfectos de subjuntivo con su infinitivo correspondiente y con la persona:**

1. Decir	tuvieran	(yo)
2. Hablar	quisierais	(tú)
3. Poner	volviera	(usted)
4. Salir	pudieras	(él/ella)
5. Poder	pusiéramos	(nosotros/as)
6. Ir	dijera	(ustedes)
7. Volver	hablaras	(ellos/as)
8. Querer	salierais	(vosotros/as)
9. Tener	fueran	

2. **Escribe la primera persona (las dos formas) del imperfecto de subjuntivo de los siguientes verbos:**

1. Ir ....
2. Venir ....
3. Hacer ....
4. Poder ....
5. Tener ....
6. Conducir ....
7. Leer ....
8. Pedir ....
9. Sentir ....
10. Haber ....

3. **Escribe la conjugación completa de IR, VENIR y HACER en la forma -RA y de PODER, TENER y CONDUCIR en la forma -SE.**

	IR
(Yo)	
(Tú)	
(Usted)	
(Él/Ella)	
(Nosotros/as)	
(Ustedes)	
(Ellos/as)	

	Venir
(Yo)	
(Tú)	
(Usted)	
(Él/Ella)	
(Nosotros/as)	
(Ustedes)	
(Ellos/as)	

	Hacer
(Yo)	
(Tú)	
(Usted)	
(Él/Ella)	
(Nosotros/as)	
(Ustedes)	
(Ellos/as)	

aplicación

	Poder
(Yo)	
(Tú)	
(Usted)	
(Él/Ella)	
(Nosotros/as)	
(Ustedes)	
(Ellos/as)	

	Tener
(Yo)	
(Tú)	
(Usted)	
(Él/Ella)	
(Nosotros/as)	
(Ustedes)	
(Ellos/as)	

	Conducir
(Yo)	condujese
(Tú)	
(Usted)	
(Él/Ella)	
(Nosotros/as)	
(Ustedes)	
(Ellos/as)	

4. Completa con el imperfecto de subjuntivo. Utiliza siempre las dos formas:

1. Ya te conté que hablé con una abogada que me aconsejó que no (FIRMAR, yo) firmara ese contrato.
2. Estaba tan enfadada que les dijo que (IRSE, ellos) se fueran a la calle.
3. Ayer me encontré con Joaquín en el fútbol. No sabía que (GUSTAR, a él) ....
4. Nunca entiende lo que le digo. Si (ESCUCHARME, ella) ....
5. Me molestó muchísimo que Manuel (HABLARME) .... así.
6. Ayer hablé con Belén: estaba muy disgustada. No le gustó nada que (IR, nosotras) .... al cine sin avisarla.
7. Me gustaría que (HABLAR, vosotros) .... más bajo. El niño está durmiendo.
8. No me gustan las personas que hablan como si (TENER, ellas) .... la verdad en sus manos.
9. ¡Qué incómoda es esta casa! No puedo trabajar. Si, por lo menos (TENER, nosotros) .... una habitación más…
10. Mi abuela odiaba que (LEVANTARNOS) .... de la mesa antes de que ella (TERMINAR) .... de comer.

aplicación

Ficha 28

ORACIONES CONDICIONALES IRREALES CON CONDICIONAL

3 tema

Si tuviera una casa con jardín, tendría un perro

Para **EXPRESAR UNA CONDICIÓN** que queremos presentar como irreal en el presente, o difícil de realizar en el futuro, utilizamos:

> **SI + verbo en imperfecto de subjuntivo + verbo en condicional**

aplicación

1. Completa la columna de la izquierda y después relaciona las frases de las dos columnas:

1. Si ella (VOLVER)
2. Si (SABER, vosotros) lo cansada que estoy
3. Si (TENER, yo) más dinero
4. Si no (HABER) tantos coches
5. Si (QUERER, ustedes) preguntar algo
6. Si no (SER, tú) tan cabezota
7. Si me (LLEVAR, tú) en coche
8. Si yo (SER) tú
9. Si (SABER, nosotros) más inglés
10. Si (PODER, usted) ayudarme

a. ...no tendría que tomar dos autobuses.
b. ...iría al trabajo en bicicleta.
c. ...nos resultaría más fácil encontrar trabajo.
d. ...tendrían que llamar a la centralita.
e. ...lo haría de otra manera.
f. ...no discutiríamos tanto.
g. ...tendríais más paciencia conmigo.
h. ...se lo agradecería
i. ...seríamos felices.
j. ...compraría un piso mucho más grande.

2. Completa:

1. Si las ciudades no fueran tan grandes, (HABER) .... más calidad de vida en ellas.
2. Yo creo que si lo intentáramos, lo (CONSEGUIR, nosotros) ....
3. Si ustedes no hablaran todos al mismo tiempo, nos (ENTENDER, nosotros) .... mejor.

4. Si quisieras, (PODER, tú) .... hacerlo.

5. Creo que no tendré tiempo de estar allí a las 5, pero si pudiera salir antes, te (AVISAR, yo) ....

6. Si me quisieras como dices, no te (COMPORTARTE) .... de esa manera tan fría.

7. Si no fuerais tan pesimistas, la vida os (RESULTAR) .... más fácil.

8. Si María tuviera más tiempo para estudiar, (SER, ella) .... una magnífica pianista.

9. Si pudiera darte una respuesta, te la (DAR, yo) ...., pero no puedo.

10. Si estuvierais tan seguras como decís, no (DECIR, vosotras) .... eso.

3. Ahora, forma las frases como en el modelo:

Ej.: 1. No fumar tanto / no estar ronca (tú).
Si no fumaras tanto, no estarías ronca.

2. Hablar más (Jaime) / saber qué le pasa (nosotros).
....

3. Saber cuál es la solución / decírtelo (yo).
....

4. Ana ser de otra manera / no ser Ana.
....

5. Acabar el trabajo / estar más tranquila (tú).
....

6. Dejarme que te lo explique / entenderlo mejor (tú).
....

7. No hablar tanto (Juanjo) / ser muy agradable estar con él.
....

8. No quedar satisfecho (usted) / devolverle (nosotros) su dinero.
....

9. Poder convencerla (ustedes) / ser estupendo.
....

10. No tener tanto trabajo (yo) en este momento / ir (yo) a verte.
....

11. Conseguir (nosotros) terminar en una hora / poder (nosotros) ir al cine.
....

aplicación

Ficha 29

LA EXPRESIÓN DEL FUTURO

4

tema

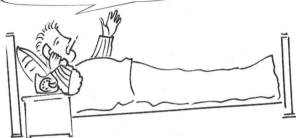

No sé si podré ir a la fiesta mañana

Para hablar del futuro en español, tenemos varias posibilidades:

1. Si queremos expresar algo ya decidido o previsto:

Ir a + infinitivo (para expresar decisiones)
Mañana voy a quedarme en casa.

Presente (para presentar la acción como algo programado, establecido)
Este fin de semana voy al campo.

Pensar + infinitivo (para señalar que se trata de una intención)
Este verano pienso ir a la playa.

2. Cuando no estamos seguros:

No sé si
 dónde   } **+ futuro**
 cuándo
 ...

No sé si iré a tu casa mañana.
No sé dónde estaré en Navidad.
No sé cuándo llegará María.

Probablemente   } **+ futuro**
Supongo que

– ¿Qué vas a hacer este fin de semana?
– No sé, seguramente (supongo que) iré a casa de mis padres. ¿Y tú?
– Pues tampoco lo sé. Supongo que me quedaré en casa.

3. Para hacer predicciones usamos el futuro:

El año que viene ganaremos el campeonato.

1. Después de mucho pensar sobre el futuro, Federico, para el año 2001, ha tomado las siguientes decisiones: terminar la carrera, buscar trabajo, ordenar su vida y proponerle a su pareja irse a vivir juntos.

   Además tiene las siguientes intenciones: leer más libros, cuidarse, no preocuparse demasiado, vivir despacio, ser feliz.

   Y después, lo escribe en un papel; ¿puedes completarlo?:

"En el año 2000 voy a...
Además pienso..."

Y tú, ¿qué decisiones e intenciones has tomado o tienes para el próximo siglo?

2. **Completa:**

– Oye, ¿tú vas a hacer el doctorado?
– Sí, no sé cuándo (TENER, yo) .... tiempo, pero lo pienso hacer.

– ¿Dónde está Carlos?
– No sé si (VENIR, él) ....; tenía mucho trabajo.

– ¿Qué hacéis esta noche?
– No sabemos. Supongo que (SALIR, nosotros) ...., pero todavía no lo hemos decidido.

– ¿Vas a invitar a Nora a la fiesta?
– Sí, pero seguramente no (QUERER, ella) .... venir... Como viene también Juan Ignacio y a ella le cae tan mal... Supongo que no (VENIR, ella) ....

– No sé, creo que es demasiado trabajo. Me imagino que no (PODER, ellos) .... terminarlo antes del sábado.

– No vais a poder comprarlo. No sé si (TENER, vosotros) .... suficiente dinero.

– ¿Te van a dar el crédito que pediste?

aplicación

– Bueno, yo he entregado toda la documentación en el banco, pero no sé qué me (DECIR, ellos) ....

– ¿Saben ustedes a qué hora (SALIR, ustedes) .... mañana?

– ¿Puedo ir en el coche contigo?
– Pues no sé si (CABER, tú) .... Es que vienen Alicia, Miguel, Carmen y creo que también Julio.

– No sé qué (HACER) .... tú, pero yo me voy. No aguanto más esta situación.

3. ¿Conoces el horóscopo chino? Aquí tienes una descripción del búfalo, uno de los signos de este horóscopo. Sergio es un niño que ha nacido bajo este signo. ¿Puedes predecir cómo será de mayor? Escribe un texto:

El apacible búfalo.

Tranquilidad, paciencia, comodidad, respetabilidad, sensualidad, bondad.

Las personas de este signo suelen ser tranquilas. Les interesan las conversaciones tranquilas y cómodas: les gusta charlar. Nunca quieren entrar en polémicas y prefieren dar la razón a las otras personas antes que entrar en discusiones fuertes.

Odian meterse en problemas y prefieren los trabajos cómodos, estables y seguros, aunque estén peor pagados.

Confían en sí mismas y es posible que, por su cabezonería, encuentren más de una resistencia por parte de sus superiores y compañer@s.
Les gusta mandar, por lo que a menudo están en puestos de mando: son jefes amables y fáciles de tratar.

Fuera del trabajo son personas sensibles y cariñosas y tratan de no hacer daño a la persona con la que conviven. Si nadie mete las narices en los asuntos del búfalo, la convivencia con él va sobre ruedas.

En el amor, son personas muy celosas y totalmente fieles, por lo que exigen lo mismo de su pareja. Son dulces, serenas y sensuales y entienden los deseos de su media naranja.

....
....
....
....
....
....
....

aplicación

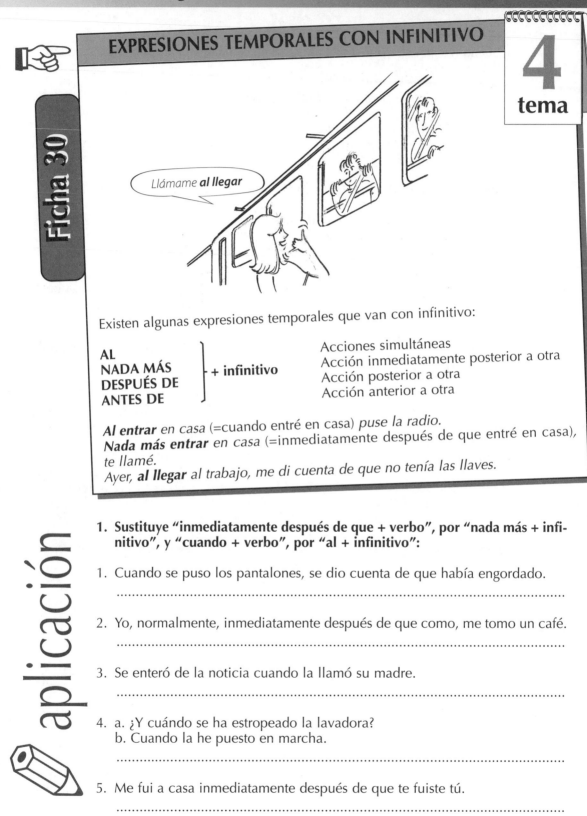

Ficha 30

EXPRESIONES TEMPORALES CON INFINITIVO

4 tema

Llámame al llegar

Existen algunas expresiones temporales que van con infinitivo:

AL **NADA MÁS** **DESPUÉS DE** **ANTES DE**	**+ infinitivo**	Acciones simultáneas Acción inmediatamente posterior a otra Acción posterior a otra Acción anterior a otra

Al entrar en casa (=cuando entré en casa) *puse la radio.*
Nada más entrar en casa (=inmediatamente después de que entré en casa),
te llamé.
Ayer, al llegar al trabajo, me di cuenta de que no tenía las llaves.

aplicación

1. Sustituye "inmediatamente después de que + verbo", por "nada más + infinitivo", y "cuando + verbo", por "al + infinitivo":

1. Cuando se puso los pantalones, se dio cuenta de que había engordado.

   ....

2. Yo, normalmente, inmediatamente después de que como, me tomo un café.

   ....

3. Se enteró de la noticia cuando la llamó su madre.

   ....

4. a. ¿Y cuándo se ha estropeado la lavadora?
   b. Cuando la he puesto en marcha.

   ....

5. Me fui a casa inmediatamente después de que te fuiste tú.

   ....

6. Cuando llegaron a Barcelona, llamaron a María.

....

7. Inmediatamente después de que colgué el teléfono, sonó el timbre de la puerta.

....

8. Llegamos a la estación inmediatamente después de que salió el tren.

....

9. Cuando llego a casa, me quito los zapatos, me pongo cómodo y me relajo.

....

10. Le conté lo que había sucedido inmediatamente después de enterarme por los periódicos.

....

2. **Esta es una lista muy desordenada de las cosas que hace Alicia por la maña-na. ¿Puedes organizarlas utilizando "antes de + infinitivo", "después de + infinitivo" y "nada más + infinitivo"?**

Se peina.

Sale de casa.

Se pone crema.

Se ducha.

Recoge la cocina.

Desayuna.

Se limpia los zapatos.

Se viste.

Se lava los dientes.

Se levanta a las 6,30.

....
....
....
....
....
....
....
....
....
....

aplicación

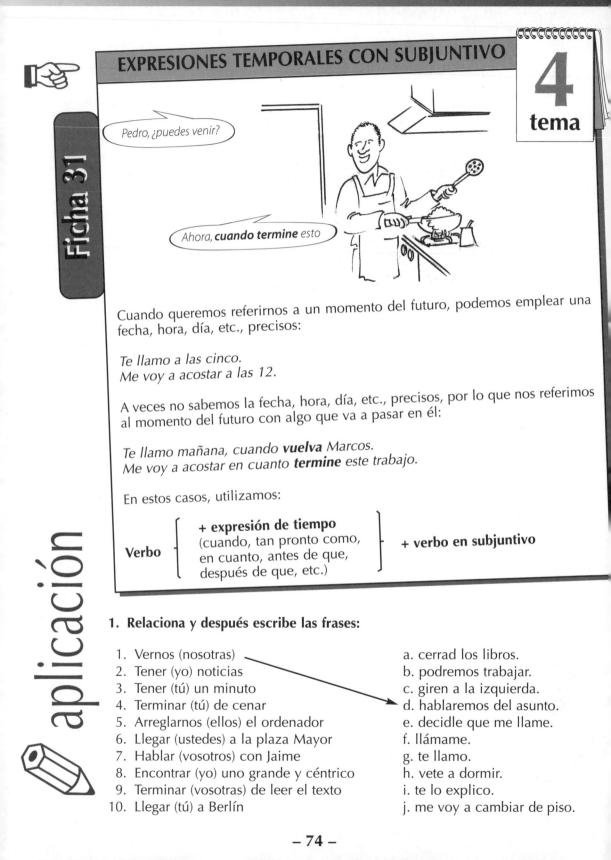

EXPRESIONES TEMPORALES CON SUBJUNTIVO

4 tema

Ficha 31

Pedro, ¿puedes venir?

*Ahora, **cuando termine** esto*

Cuando queremos referirnos a un momento del futuro, podemos emplear una fecha, hora, día, etc., precisos:

Te llamo a las cinco.
Me voy a acostar a las 12.

A veces no sabemos la fecha, hora, día, etc., precisos, por lo que nos referimos al momento del futuro con algo que va a pasar en él:

*Te llamo mañana, cuando **vuelva** Marcos.*
*Me voy a acostar en cuanto **termine** este trabajo.*

En estos casos, utilizamos:

Verbo { **+ expresión de tiempo** (cuando, tan pronto como, en cuanto, antes de que, después de que, etc.) } **+ verbo en subjuntivo**

aplicación

1. Relaciona y después escribe las frases:

1. Vernos (nosotras)
2. Tener (yo) noticias
3. Tener (tú) un minuto
4. Terminar (tú) de cenar
5. Arreglarnos (ellos) el ordenador
6. Llegar (ustedes) a la plaza Mayor
7. Hablar (vosotros) con Jaime
8. Encontrar (yo) uno grande y céntrico
9. Terminar (vosotras) de leer el texto
10. Llegar (tú) a Berlín

a. cerrad los libros.
b. podremos trabajar.
c. giren a la izquierda.
d. hablaremos del asunto.
e. decidle que me llame.
f. llámame.
g. te llamo.
h. vete a dormir.
i. te lo explico.
j. me voy a cambiar de piso.

Ej.: 1. *En cuanto nos veamos, hablaremos del asunto.*

2. ....
3. ....
4. ....
5. ....
6. ....
7. ....
8. ....
9. ....
10. ....

2. Completa:

– ¿Cuándo vas a hacer el informe?
– En cuanto (TERMINAR, yo) .... esto.

– Llegaremos sobre las 10 a Santiago. Después vamos a la casa y, tan pronto como (ESTAR, nosotros) .... instalados, te llamamos.

– Entonces... primero abro el correo y lo distribuyo, consulto la agenda y organizo el día. ¿Y cuándo me reúno con usted?
– Pues después de que (TENER, usted) .... hecho el plan del día. Yo creo que es lo mejor, ¿no?

– ¿Cuándo quieres que nos veamos?
– No sé, cuando (PODER, tú) ....

– Antes de que (IRSE, tú) .... quiero decirte que ha sido un placer trabajar contigo.

– ...Y cuando (QUERER, ustedes) .... hablar con RECEPCIÓN, marquen el 0.

– ¡Qué lenta eres! Pero, ¿cuándo vas a irte a casa?
– Pues en cuanto (HACER, yo) .... este documento. ¡No me metas prisa!

– Primero termina la carrera, y cuando (TENER, tú) .... trabajo, podrás pensar si te vas de casa.

3. Transforma las frases según el modelo:

Ej.: 1. De mayor quiero ser médico.
Cuando sea mayor quiero ser médico.

2. De casado viviré mejor que ahora.

....

3. De padre tendré poco tiempo de fiestas.

....

4. De viejo habré terminado de escribir mis memorias.

....

aplicación

Ficha 32

aplicación

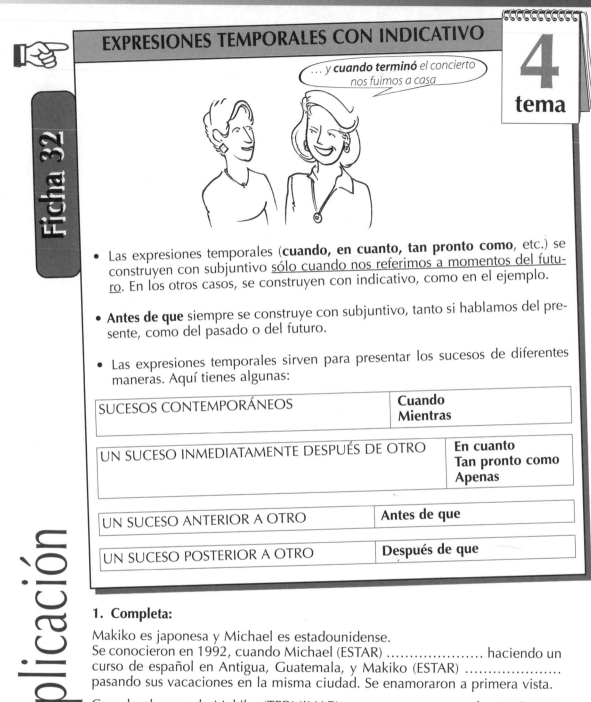

EXPRESIONES TEMPORALES CON INDICATIVO

*... y **cuando terminó** el concierto nos fuimos a casa*

4
tema

- Las expresiones temporales (**cuando, en cuanto, tan pronto como**, etc.) se construyen con subjuntivo <u>sólo cuando nos referimos a momentos del futuro</u>. En los otros casos, se construyen con indicativo, como en el ejemplo.

- **Antes de que** siempre se construye con subjuntivo, tanto si hablamos del presente, como del pasado o del futuro.

- Las expresiones temporales sirven para presentar los sucesos de diferentes maneras. Aquí tienes algunas:

SUCESOS CONTEMPORÁNEOS	**Cuando** **Mientras**
UN SUCESO INMEDIATAMENTE DESPUÉS DE OTRO	**En cuanto** **Tan pronto como** **Apenas**
UN SUCESO ANTERIOR A OTRO	**Antes de que**
UN SUCESO POSTERIOR A OTRO	**Después de que**

1. Completa:

Makiko es japonesa y Michael es estadounidense.
Se conocieron en 1992, cuando Michael (ESTAR) .... haciendo un curso de español en Antigua, Guatemala, y Makiko (ESTAR) .... pasando sus vacaciones en la misma ciudad. Se enamoraron a primera vista.

Cuando el curso de Makiko (TERMINAR) .... y ambos (VOLVER) .... a sus países, continuaron su relación por carta y siempre que (PODER, ellos) .... se veían en alguno de los dos países.
Pasaron unos años en dos países diferentes, pero Makiko buscó trabajo en el país de Michael y en cuanto lo (ENCONTRAR) ...., se trasladó.

Tan pronto como (CONSEGUIR, ellos) .... ahorrar un poco de dinero, se compraron un piso.

En cuanto Michael (TERMINAR) .... su carrera, decidieron irse a vivir a Japón, porque Makiko sentía nostalgia de su país.

Apenas (LLEGAR, ellos) .... a Japón, se compraron otro piso y se instalaron.
Pero entonces, Michael tuvo una depresión porque no conseguía adaptarse a la vida japonesa, así que decidieron irse a vivir a otro país. Pero, ¿a cuál? Y en ese momento, se les ocurrió la genial idea: a Guatemala. Cuando (VENDER, ellos) .... el piso de Japón y (ENCONTRAR, ellos) .... a una persona que les alquiló el piso de los Estados Unidos, tuvieron suficiente dinero para irse. Y así lo hicieron y fueron felices.

2. Marca la respuesta correcta o más adecuada:

1. Venga, vamos a recoger la cocina: .... yo friego los platos, tú los secas.

   ❑ cuando
   ❑ mientras
   ❑ en cuanto

2. Es muy considerada. Siempre que se va de viaje, ... llega al hotel, me llama para decirme que está bien.

   ❑ después de que
   ❑ apenas
   ❑ mientras

3. Llamó .... te fuiste tú.

   ❑ después de que
   ❑ antes de que
   ❑ mientras

4. Quique, ... se sienta delante de un ordenador, se olvida del resto del mundo: no le interesa nada.

   ❑ cuando
   ❑ después de que
   ❑ mientras

5. Iré a verte .... tenga un poco de tiempo.

   ❑ en cuanto
   ❑ después de que
   ❑ antes de que

6. Prometo avisarte .... empiece la reunión.

   ❑ mientras
   ❑ después de que
   ❑ antes de que

aplicación

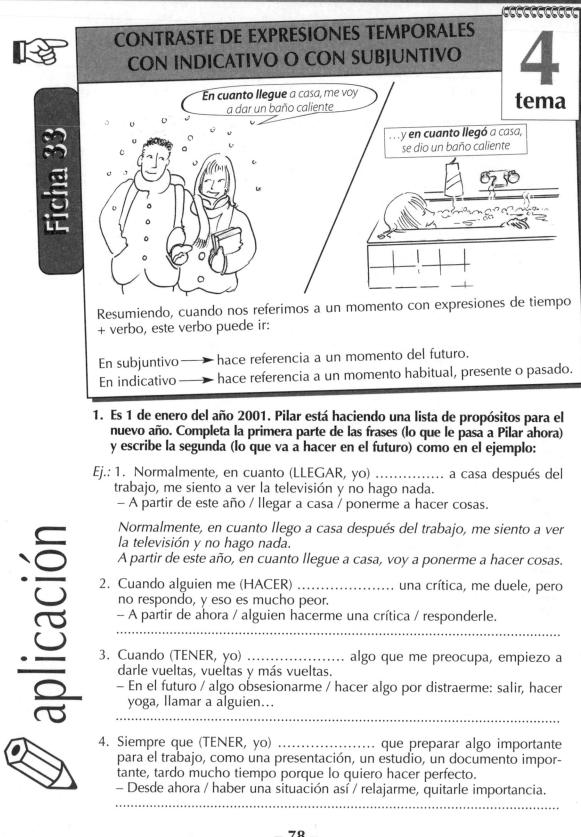

CONTRASTE DE EXPRESIONES TEMPORALES CON INDICATIVO O CON SUBJUNTIVO

tema 4

Ficha 33

> *En cuanto llegue* a casa, me voy a dar un baño caliente

> ...y *en cuanto llegó* a casa, se dio un baño caliente

Resumiendo, cuando nos referimos a un momento con expresiones de tiempo + verbo, este verbo puede ir:

En subjuntivo ——→ hace referencia a un momento del futuro.
En indicativo ——→ hace referencia a un momento habitual, presente o pasado.

1. Es 1 de enero del año 2001. Pilar está haciendo una lista de propósitos para el nuevo año. Completa la primera parte de las frases (lo que le pasa a Pilar ahora) y escribe la segunda (lo que va a hacer en el futuro) como en el ejemplo:

Ej.: 1. Normalmente, en cuanto (LLEGAR, yo) .... a casa después del trabajo, me siento a ver la televisión y no hago nada.
 – A partir de este año / llegar a casa / ponerme a hacer cosas.

 Normalmente, en cuanto llego a casa después del trabajo, me siento a ver la televisión y no hago nada.
 A partir de este año, en cuanto llegue a casa, voy a ponerme a hacer cosas.

2. Cuando alguien me (HACER) .... una crítica, me duele, pero no respondo, y eso es mucho peor.
 – A partir de ahora / alguien hacerme una crítica / responderle.
 ....

3. Cuando (TENER, yo) .... algo que me preocupa, empiezo a darle vueltas, vueltas y más vueltas.
 – En el futuro / algo obsesionarme / hacer algo por distraerme: salir, hacer yoga, llamar a alguien…
 ....

4. Siempre que (TENER, yo) .... que preparar algo importante para el trabajo, como una presentación, un estudio, un documento importante, tardo mucho tiempo porque lo quiero hacer perfecto.
 – Desde ahora / haber una situación así / relajarme, quitarle importancia.
 ....

aplicación

5. En cuanto (ENFADARME, yo), ... noto que la sangre se me
   calienta y me pongo a gritar.
   – A partir de ahora / enfadarme / contar hasta diez.
   ....

6. Cuando (ESTAR, yo) .... mal, si alguien me dice algo, no escucho y no entiendo lo que me dice. Por eso, nadie me puede ayudar.
   – En el futuro / estar mal / escuchar, prestar atención.
   ....

7. En cuanto (LLEGAR) .... el mes de agosto, me deprimo, porque esta ciudad es horrible en agosto.
   – El próximo año / llegar agosto / irme al Caribe.
   ....

8. En cuanto (DARME cuenta) .... de que voy mal de tiempo,
   tomo un taxi.
   – A partir de ahora / darme cuenta de que voy mal de tiempo / ir en metro:
   es más rápido.
   ....

9. No leo nada: cuando (TENER, yo) .... tiempo, duermo, veo la
   televisión...
   – Desde hoy / tener tiempo / leer.
   ....

10. Cuando (COBRAR, yo) .... el sueldo a final de mes, me lo
    gasto.
    – A partir de hoy / cobrar el sueldo / meterlo en el banco.
    ....

11. Cuando (HABER) .... más trabajo y no (TENER, yo) ....
    mucho tiempo, no como.
    – El próximo año / haber mucho trabajo / tomarme una hora por lo menos
    para comer bien.
    ....

2. **¿Puedes hacer una lista semejante?**
   ....
   ....
   ....
   ....
   ....
   ....
   ....

aplicación

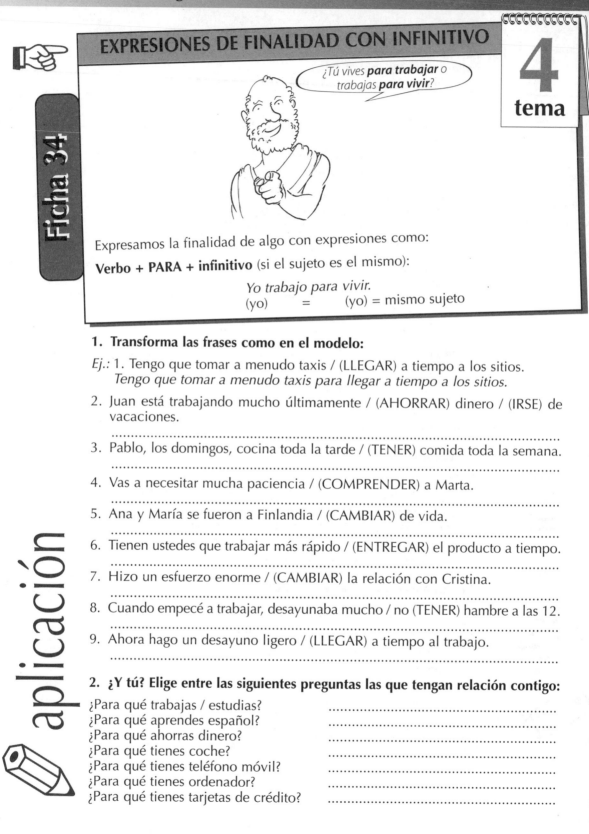

EXPRESIONES DE FINALIDAD CON INFINITIVO

*¿Tú vives **para trabajar** o trabajas **para vivir**?*

4 tema

Ficha 34

Expresamos la finalidad de algo con expresiones como:

Verbo + PARA + infinitivo (si el sujeto es el mismo):

Yo trabajo para vivir.
(yo)   =   (yo) = mismo sujeto

1. Transforma las frases como en el modelo:

Ej.: 1. Tengo que tomar a menudo taxis / (LLEGAR) a tiempo a los sitios.
Tengo que tomar a menudo taxis para llegar a tiempo a los sitios.

2. Juan está trabajando mucho últimamente / (AHORRAR) dinero / (IRSE) de vacaciones.
....

3. Pablo, los domingos, cocina toda la tarde / (TENER) comida toda la semana.
....

4. Vas a necesitar mucha paciencia / (COMPRENDER) a Marta.
....

5. Ana y María se fueron a Finlandia / (CAMBIAR) de vida.
....

6. Tienen ustedes que trabajar más rápido / (ENTREGAR) el producto a tiempo.
....

7. Hizo un esfuerzo enorme / (CAMBIAR) la relación con Cristina.
....

8. Cuando empecé a trabajar, desayunaba mucho / no (TENER) hambre a las 12.
....

9. Ahora hago un desayuno ligero / (LLEGAR) a tiempo al trabajo.
....

2. ¿Y tú? Elige entre las siguientes preguntas las que tengan relación contigo:

¿Para qué trabajas / estudias?   ....
¿Para qué aprendes español?   ....
¿Para qué ahorras dinero?   ....
¿Para qué tienes coche?   ....
¿Para qué tienes teléfono móvil?   ....
¿Para qué tienes ordenador?   ....
¿Para qué tienes tarjetas de crédito?   ....

aplicación

EXPRESIONES DE FINALIDAD CON SUBJUNTIVO

4 tema

Ficha 35

> *Para que* la puerta *no se pueda* abrir cuando la lavadora está funcionando

> ¿Para qué sirve esto?

Pero si en las frases finales los sujetos son diferentes:

Verbo + PARA QUE + subjuntivo

He comprado un ordenador para que podamos trabajar más rápido.
(yo)   ≠   (nosotros) = sujeto diferente

aplicación

1. Completa:

1. Te he traído este queso para que (PROBARLO, tú) ....
2. Nos han dicho eso para que (TRABAJAR, nosotros) .... más.
3. Dale un plano de la ciudad para que (PODER, él) .... orientarse.
4. Os hemos traído el material para que (UTILIZARLO, vosotros) ....
5. Juana me ha traído esta tela para que (HACERME, yo) .... una camisa.
6. Los cuentos son buenos para que los niños (DESARROLLAR) .... la fantasía.
7. Señor Soto, le dejo esta propuesta para que (LEERLA, usted) ....
8. Te lo digo para que (SABERLO, tú) ....
9. Les hemos preparado esta habitación para que (PODER, ustedes) .... trabajar.
10. Aquí tiene mi tarjeta para que (LLAMARME, usted) .... si lo necesita.

2. María ha hecho una serie de cosas para que su hijo no corra peligro en casa. ¿Puedes relacionarlas y escribir las frases?:

Ej.: 1. Ha escondido las medicinas ⟶ el niño se toma las medicinas.
Ha escondido las medicinas para que el niño no se las tome.

2. Ha puesto una barrera delante de las escaleras.

3. Ha puesto cierres de seguridad en las ventanas.

4. Ha comprado una lavadora con cierre de seguridad.

5. Ha escondido las cerillas.

6. Ha escondido los cubiertos.

7. Ha escondido los productos de limpieza.

8. Ha subido los libros a la parte alta de la estantería.

9. Ha tapado todos los enchufes.

10. Ha puesto el equipo de música en alto.

11. Ha puesto una barrera delante de la chimenea.

a. Electrocutarse con los enchufes.

b. Comerse las cerillas.

c. Cortarse o pincharse con los cubiertos.

d. Beberse los productos de limpieza.

e. Quemarse con el fuego.

f. Caerse por la ventana.

g. Abrir la lavadora.

h. Estropear el equipo de música.

i. Romper los libros.

j. Caerse por las escaleras.

....
....
....
....
....
....
....
....
....
....

aplicación

3. Transforma las causas en finalidades y escribe las frases como en el modelo:

Ej.: 1. Como tienes tanto calor, voy a encender el aire acondicionado.
Voy a encender el aire acondicionado para que no tengas calor.

2. Como siempre llegas tarde, voy a comprarte un reloj.
....

3. Como siempre te olvidas de las citas, te he comprado esta agenda.
....

4. Como nunca tienes tiempo para nada, le he dado el trabajo a Susana.
....

5. Como estás aprendiendo español, quiero presentarte a un amigo chileno.
....

Ficha 36

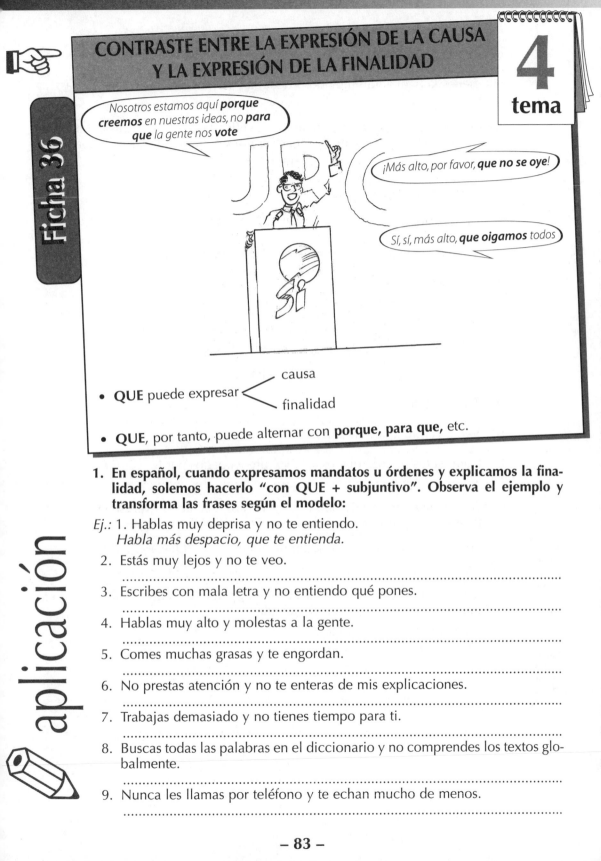

CONTRASTE ENTRE LA EXPRESIÓN DE LA CAUSA Y LA EXPRESIÓN DE LA FINALIDAD

4 tema

*Nosotros estamos aquí **porque creemos** en nuestras ideas, no **para que** la gente nos **vote***

*¡Más alto, por favor, **que no se oye!***

*Sí, sí, más alto, **que oigamos** todos*

- **QUE** puede expresar — causa / finalidad

- **QUE**, por tanto, puede alternar con **porque, para que,** etc.

aplicación

1. **En español, cuando expresamos mandatos u órdenes y explicamos la finalidad, solemos hacerlo "con QUE + subjuntivo". Observa el ejemplo y transforma las frases según el modelo:**

Ej.: 1. Hablas muy deprisa y no te entiendo.
   Habla más despacio, que te entienda.

2. Estás muy lejos y no te veo.
   ....

3. Escribes con mala letra y no entiendo qué pones.
   ....

4. Hablas muy alto y molestas a la gente.
   ....

5. Comes muchas grasas y te engordan.
   ....

6. No prestas atención y no te enteras de mis explicaciones.
   ....

7. Trabajas demasiado y no tienes tiempo para ti.
   ....

8. Buscas todas las palabras en el diccionario y no comprendes los textos globalmente.
   ....

9. Nunca les llamas por teléfono y te echan mucho de menos.
   ....

10. Tienes la música muy alta y no te puedes concentrar en tus estudios.

....

11. Tienes la habitación muy desordenada y no encuentras lo que buscas.

....

2. Aquí tienes unas órdenes. En unas se explica la causa, en otras la finalidad. Sustituye el "que" por un "porque" o por un "para que", según convenga:

Ej.: 1. Entra en casa, que hace mucho frío.
   Entra en casa, porque hace frío.

2. Entra en casa, que no te enfríes.

....

3. Corrige este ejercicio, que está lleno de errores.

....

4. Escríbelo a máquina, que quede más presentable y limpio.

....

5. Habla más alto, que estoy un poco sordo.

....

6. Habla más despacio, que te entienda bien.

....

7. Dime la verdad, que no creo lo que me has contado antes.

....

8. No salgas a la calle, que es muy peligroso.

....

9. Ten cuidado con el perro, que no moleste a la gente.

....

10. Ven a verme, que estoy muy solo.

....

11. Llama a tus padres, que están muy preocupados por ti.

....

3. ¿Te has fijado en qué tiempo van los verbos cuando se expresa la causa? ¿Y cuando se expresa la consecuencia? Completa el esquema:

Cuando expresamos la causa de un mandato:	**Que** + ...
Cuando expresamos la finalidad de un mandato:	**Que** + ...

4. Transforma las causas de las frases del ejercicio 2 en finalidades y las finalidades en causas. Observa el ejemplo:

Ej.: 2. Entra en casa, que no te enfríes.
   Entra en casa, porque te vas a enfriar.

....

....

....

....

....

....

....

....

....

....

....

aplicación

USOS DE "SE" PARA EXPRESAR LA INVOLUNTARIEDAD

4 tema

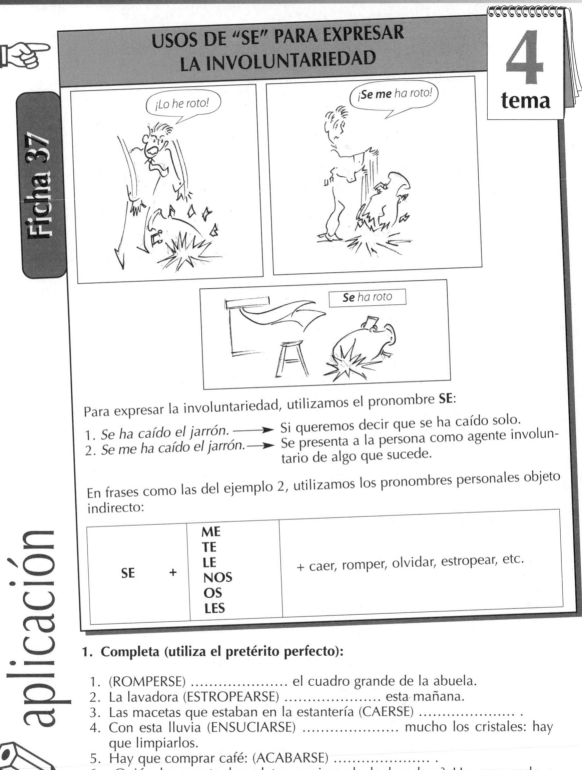

¡Lo he roto!

¡Se me ha roto!

Se ha roto

Para expresar la involuntariedad, utilizamos el pronombre **SE**:

1. *Se ha caído el jarrón.* ⟶ Si queremos decir que se ha caído solo.
2. *Se me ha caído el jarrón.* ⟶ Se presenta a la persona como agente involuntario de algo que sucede.

En frases como las del ejemplo 2, utilizamos los pronombres personales objeto indirecto:

SE +	**ME** **TE** **LE** **NOS** **OS** **LES**	+ caer, romper, olvidar, estropear, etc.

aplicación

1. Completa (utiliza el pretérito perfecto):

1. (ROMPERSE) .... el cuadro grande de la abuela.
2. La lavadora (ESTROPEARSE) .... esta mañana.
3. Las macetas que estaban en la estantería (CAERSE) ....
4. Con esta lluvia (ENSUCIARSE) .... mucho los cristales: hay que limpiarlos.
5. Hay que comprar café: (ACABARSE) ....
6. ¿Quién ha puesto los platos encima de la lavadora? Ha empezado a moverse al centrifugar, (CAERSE) .... todo lo que había encima y (ROMPERSE) ....

7. Perdón por llegar tarde: (AVERIARSE) .... el coche.
8. (CAERSE) .... el vino y (MANCHARSE) .... el mantel.
9. Me ha pasado una cosa rarísima: (ESTROPEARSE) .... el friegaplatos esta mañana y (ARREGLARSE) .... solo esta tarde. Pero solo, ¿eh? Yo no he hecho nada.
10. (CAERSE) .... una cornisa de una casa de la calle Olvido.

2. Completa, ahora también con el pronombre de la persona. ¡Ojo! Tienes que elegir entre pretérito perfecto y pretérito indefinido:

1. Chico, no veo nada: (CAERSE, a mí) .... las gafas esta mañana y (ROMPERSE, a mí) ....
2. (OLVIDARSE, a ti) .... felicitar a Nora: hoy es su cumpleaños.
3. El otro día (ESTROPEARSE, a nosotras) .... el coche y no pudimos ir a la fiesta de Lucas.
4. Oye, Laura, tienes que pedir más papel: (TERMINARSE, a nosotros) .... esta mañana.
5. ¿(OLVIDARSE, a vosotros) .... que hoy tenemos una cita con el abogado?
6. (CAERSE, a él) .... los papeles de las manos cuando vio entrar a Pedro el otro día.
7. ¡Claro que nos conocemos! Nos vimos en aquella gasolinera de Majadahonda cuando (ESTROPEARSE, a ustedes) .... el coche.
8. ¿Te acuerdas del jarrón chino que tanto te gustaba? Pues (ROMPERSE, a mí) .... ahora mismo.
9. Venga, entréguenme los exámenes. (ACABARSE, a ustedes) .... el tiempo hace ya un cuarto de hora.
10. Juana está en el dentista. (ROMPERSE, a ella) .... un diente esta mañana.

3. Justifícate en estas situaciones:

Ej.: 1. Has llegado tarde a una cita.
Se me ha estropeado el coche.
2. No has traído el libro a Alfredo.
....
3. La comida está muy negra, no se puede comer.
....
4. No has hecho los deberes.
....
5. La planta que te dejaron para cuidarla está seca.
....
6. No encuentras unos apuntes que te prestaron.
....
7. Te has dormido.
....
8. Has roto un jarrón que estaba encima de la mesa.
....

aplicación

Ficha 38

USO DE LOS TIEMPOS DEL PASADO

> Ayer **fui** a una fiesta que **fue** muy divertida. **Había** muchísima gente y **estuvimos bailando** hasta muy tarde. Hoy estoy muerto

El indefinido se usa para*	hablar de acontecimientos pasados	Ayer **fui** al cine. El domingo me **quedé** en casa descansando. Me **casé** en 1996.
	valorar actividades pasadas	Me **gustó** mucho la película. La película **fue** muy buena. Todo **resultó** muy bien.
El imperfecto se utiliza para	describir las situaciones y las circunstancias en las que ocurrieron los acontecimientos pasados	Ayer fui al cine porque **tenía** mucho tiempo libre. El domingo me quedé en casa descansando porque **estaba** muy cansado. Me casé en 1996, cuando **tenía** 27 años.
	describir el pasado o periodos del pasado	En aquella época **vivía** en Córdoba. La casa donde nací **era** muy grande. Entonces **iba** todos los días a la escuela en bici.
	describir algo del pasado	Me gustó mucho la película porque **era** muy romántica. La película fue muy buena; **trataba** de la vida de Cervantes. Todo resultó muy bien: la música **era** perfecta, la gente se **estaba** divirtiendo, etc.
	hablar de acciones en desarrollo	Cuando **volvía** a casa del trabajo, choqué con un autobús. **Iba** a llamarte, pero me puse a hablar con Evaristo y se me olvidó.

* En casi toda España se utilizan con la misma función el indefinido y el perfecto. La diferencia es que se usa el indefinido para hablar de acontecimientos que ocurrieron ayer, anteayer, el fin de semana pasado, el año pasado, o con fechas concretas (como "en febrero de 1998", etc.). El perfecto, en cambio, se utiliza para hablar de acontecimientos que han ocurrido hoy, esta mañana, esta semana, este fin de semana, o cuando no precisamos cuándo han ocurrido (un día, nunca, muchas veces, una vez, etc.).

1. Valora las acciones que te proponemos y justifica tu valoración. Fíjate en el ejemplo:

Ej.: 1. La última fiesta en la que estuviste.
La última fiesta en la que estuve fue muy divertida, lo pasé muy bien, porque había mucha gente diferente y todos eran amigos míos.

2. El último libro que leíste.
....
....

3. La última película que viste.
....
....

4. El último regalo que te hicieron.
....
....

5. Las últimas vacaciones que tuviste.
....
....

6. La última ciudad que visitaste.
....
....

2. Imagina que has estado en una fiesta. Utiliza los tiempos del pasado para hablar de ella.

1. El fin de semana pasado (IR) .... a una fiesta en casa de unos amigos. Lo (PASAR) .... muy bien porque la fiesta (SER) .... divertida, (HABER) .... mucha gente y la música (SER) .... realmente buena.

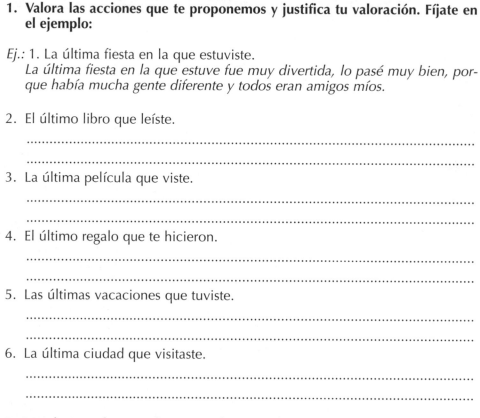

2. En la fiesta me (PRESENTAR) .... a unos norteamericanos que (ESTAR) .... en España porque (QUERER) .... aprender español y (BUSCAR) .... a alguien con quien practicar la lengua. Por supuesto, me (OFRECER) .... inmediatamente.

aplicación

3. Entre los norteamericanos (HABER) .... una chica que (HABLAR) .... muy bien español, que (SER) .... muy simpática y que me (PARECER) .... bastante atractiva. Así que (HABLAR) .... con ella toda la noche.

4. A las cinco, como (SER) .... muy tarde, (DECIDIR) .... volver a casa. Así que me (DESPEDIR) .... de todo el mundo, en especial de mi nueva amiga norteamericana, y (SALIR) .... de la casa de mi amigo.

5. Cuando (VOLVER) .... a casa, me (ENCONTRAR) .... a Juan, un viejo amigo de la infancia, que también (VENIR) .... de otra fiesta. Como (HACER) .... mucho tiempo que no nos veíamos y (TENER) .... muchas ganas de charlar, nos (IR) .... a un bar que todavía (ESTAR) .... abierto y (ESTAR) .... charlando hasta casi las siete de la mañana.

6. A las siete me (IR) .... a casa a dormir porque (ESTAR) .... muerto de cansancio.

3. **Ahora imagina tú otra fiesta y descríbela. Recuerda contar qué hiciste, qué tal resultó, cómo era, qué pasó, etc.**

....
....
....
....

aplicación

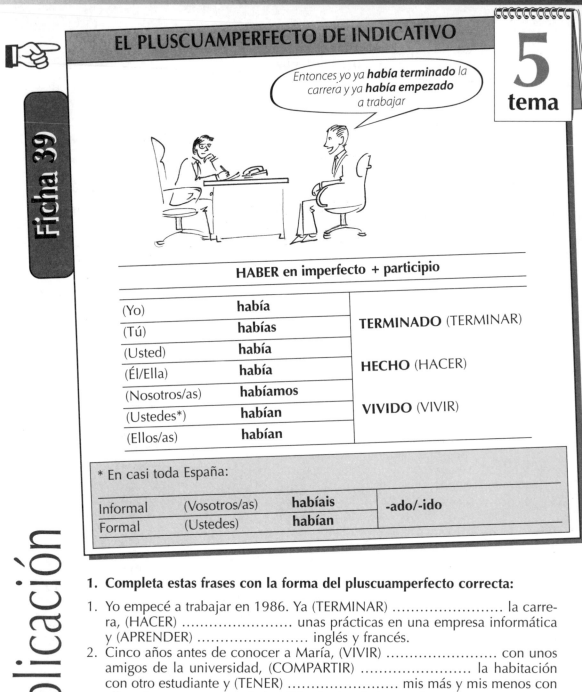

EL PLUSCUAMPERFECTO DE INDICATIVO

*Entonces yo ya **había terminado** la carrera y ya **había empezado** a trabajar*

5 tema

Ficha 39

HABER en imperfecto + participio

(Yo)	había	
(Tú)	habías	**TERMINADO** (TERMINAR)
(Usted)	había	
(Él/Ella)	había	**HECHO** (HACER)
(Nosotros/as)	habíamos	
(Ustedes*)	habían	**VIVIDO** (VIVIR)
(Ellos/as)	habían	

* En casi toda España:

Informal	(Vosotros/as)	habíais	-ado/-ido
Formal	(Ustedes)	habían	

aplicación

1. Completa estas frases con la forma del pluscuamperfecto correcta:

1. Yo empecé a trabajar en 1986. Ya (TERMINAR) .... la carrera, (HACER) .... unas prácticas en una empresa informática y (APRENDER) .... inglés y francés.
2. Cinco años antes de conocer a María, (VIVIR) .... con unos amigos de la universidad, (COMPARTIR) .... la habitación con otro estudiante y (TENER) .... mis más y mis menos con ellos. Por eso, ya conocía las dificultades de la convivencia.
3. Antonio ya (DECIDIR) .... marcharse y romper con esa situación, (PREPARAR) .... lo que iba a decir y (REPASAR) .... mentalmente sus palabras. Pero, en cuanto la vio, se le atragantaron las palabras en su boca y no supo qué decir.
4. Inés estaba realmente angustiada porque (PERDER) .... los documentos que el jefe le (DAR) .... el día anterior. En aquel momento no se acordaba de que los (DEJAR) .... en la mesa de Carmen.

5. Raúl ya (TRABAJAR) .... en varias empresas, (PASAR) .... por situaciones parecidas. Por eso, no se sorprendió cuando le contaron lo que iban a hacer. Se lo (IMAGINAR) ....

6. La situación era tan insoportable que no tuvo más remedio que decirle lo que (HACER) .... mal, explicarle lo que (PROVOCAR) .... todo aquello y rogarle que se disculpara ante todos.

7. Como (NEVAR) .... tanto y (PASAR) .... tan pocos coches por esas carreteras, fue imposible transitar por esas rutas. Lo malo es que la policía no (AVISAR) .... de nada.

8. Sí, Juan (SACAR) .... la carrera en poco tiempo, (PROSPERAR) .... rápidamente y sin ayuda de nadie, (HACERSE) .... un hombre importante. Pero eso no le daba derecho a ser tan arrogante y a actuar como lo (HACER) .... en la reunión del otro día.

9. Nadie se podía imaginar aquello. ¡Jaime (ROBAR) .... en unos grandes almacenes y le (DESCUBRIR) .... con las manos en la masa!

10. La discusión (SER) .... tan acalorada que a ninguno nos quedaron ganas de salir después juntos.

2. Escribe la forma del participio de estos verbos:

1. Abrir ....
2. Cubrir ....
3. Decir ....
4. Escribir ....
5. Hacer ....
6. Morir ....
7. Poner ....
8. Resolver ....
9. Romper ....
10. Satisfacer ....
11. Ver ....
12. Volver ....

3. Relaciona:

1. Antes de venir a España
2. Le pedí el disco que tanto buscaba
3. Llegamos al lugar de encuentro a la hora convenida
4. Llegó corriendo a la estación
5. Se enteró de la noticia
6. Perdí el libro
7. Me encontré con el profesor
8. Volví al lugar
9. En cuanto vi el anuncio de aquel piso, fui corriendo a la agencia,
10. El jefe de la sección quiso subirle el sueldo,

a. ... cuando ya había pasado todo.
b. ... pero ella todavía no había llegado.
c. ... pero ya lo había vendido.
d. ... ya había recibido algunas clases de español.
e. ... pero el tren ya había salido.
f. ... sin saber que le habían despedido dos horas antes.
g. ... en que la había visto por primera vez, pero no estaba.
h. ... que habían regalado en mi cumpleaños.
i. ... que me había dado la primera clase de español.
j. ... pero ya lo habían alquilado.

aplicación

Ficha 40

CONTRASTE ENTRE EL PRETÉRITO IMPERFECTO Y EL PRETÉRITO PLUSCUAMPERFECTO

5 tema

Estaba loco de alegría porque le había tocado la lotería

Con el imperfecto presentamos situaciones o describimos las circunstancias de los acontecimientos.	*Ayer vi a Marisa, que **estaba** muy contenta.* *Lorenzo no vino a la fiesta porque **tenía** mucho trabajo.*
Con el pluscuamperfecto hablamos de acciones pasadas anteriores al periodo descrito en el imperfecto.	*Ayer vi a Marisa, que estaba muy contenta porque le **había tocado** la lotería.* *Lorenzo no vino a la fiesta porque tenía mucho trabajo porque **había recibido** un pedido muy grande.*

aplicación

1. Relaciona:

1. Estaba muy alegre
2. Tenían muchas ganas de salir juntos
3. Estaban encantados con la posibilidad de volverse a ver
4. Se sentía muy cansado
5. Quería quedarse en casa

6. Estaba triste

7. Le preocupaba mucho Iñaqui
8. Tenía mucho sueño

a. ... porque Alicia se había ido.
b. ... porque había estado todo el día fuera y no había tenido tiempo de descansar un rato.
c. ... porque había estado trabajando todo el día.
d. ... porque le había tocado la lotería.
e. ... porque no había escrito ni una carta desde que se había ido.
f. ... porque se habían caído muy bien.
g. ... porque se lo habían pasado muy bien juntos.
h. ... porque la noche anterior había estado hablando con Alfredo hasta muy tarde.

2. **Pon el verbo en la forma correcta del imperfecto o del pluscuamperfecto, según corresponda:**

1. Elena (SENTIRSE) .... fatal porque no le (DECIR) .... la verdad a María.
2. En aquella situación, Ana (SABER) .... que no (SER) .... muy justa con César y, por eso, ahora (QUERER) .... hablar con él.
3. Celia (ESTAR) .... muy contenta consigo misma porque (HACER) .... lo que debía.
4. Guillermo (ESTAR) .... seguro de que Marisa (IRSE) .... porque no se (ESCUCHAR) .... ni un ruido en toda la casa.
5. Lorenzo (ESTAR) .... decidido a empezar a trabajar en aquel proyecto, ya que Ignacio le (ANIMAR) .... a hacerlo.
6. Alicia (TENER) .... una sensación rara porque (VER) .... que Alfredo (HACER) .... algo extraño y no (SABER) .... cómo actuar.
7. Montse (ESTAR) .... de mal humor porque (ENFADARSE) .... con su hermano y, en el fondo, (SABER) .... que Jordi (TENER) .... razón.
8. José Ángel (SABER) .... dónde (ESTAR) .... Miguel porque se lo (ENCONTRAR) .... en la calle y (ESTAR) .... charlando mucho tiempo con él.

3. **Forma frases como el modelo:**

Ej.: 1. Estar triste / irse su novia una temporada.
Estaba triste porque su novia se había ido una temporada.

2. Tener sueño / dormir muy poco.
....

3. Dolerle la espalda / estar descargando cajas todo el día.
....

4. Apreciarle todo el mundo / demostrar que era una buena persona.
....

5. Estar orgullosa de sí misma / los jefes ascenderle de puesto y reconocer su valía.
....

6. Estar bastante deprimido / últimamente las cosas irle mal.
....

7. Estar seguro de que se lo sabía bien / hacer todos los ejercicios.
....

8. Estar sudando / hacer mucho deporte.
....

CONTRASTE ENTRE EL PRETÉRITO INDEFINIDO Y EL PRETÉRITO PLUSCUAMPERFECTO

5 tema

Con el indefinido hablamos de acciones pasadas.	**Oí** hablar de ella en la oficina. **Vi** las fotos que Raúl tenía de ella.
Con el pluscuamperfecto hablamos de acciones pasadas anteriores a otras acciones también pasadas.	Le pedí que me la presentara porque **había oído** hablar de ella y **había visto** fotos suyas.

aplicación

1. Transforma las frases como en el ejemplo:

Ej.: 1. El otro día me compré un libro y se lo dejé a Juan.
   El otro día le dejé a Juan el libro que me había comprado.

2. Me pidió la máquina de fotos y dos años después me la devolvió.
....

3. Le vi entrar muy pálido en su despacho y fui a ver qué le pasaba.
....

4. Me escribió una carta muy preocupante y le llamé para saber más de él.
....

5. Discutimos sobre el dinero y dejó de hablarme durante tres días.
....

6. Los dos estudiamos en la misma universidad y ayer estuvimos hablando y lo descubrimos.
....
....

7. El otro día conocí a una chica muy simpática en la fiesta de Jorge y ayer vi a Juan con esa chica muy acaramelado.
....
....

8. El profesor recomendó un libro en la clase del lunes y ayer me lo compré.
....

9. Se lo pasó muy bien con nosotros. Por eso, decidió volver a vernos.

    ....

10. Marco me describió la película como muy buena y ayer, por fin, fui a verla. No me gustó mucho, la verdad.

    ....

    ....

2. Pon el verbo en la forma correcta del indefinido o del pluscuamperfecto, según corresponda:

1. Al final Guillermo (ENCONTRAR) .... los billetes de avión que (PERDER) .... Estaban en un cajón de su mesa.
2. (RECONOCER) .... a Elena porque (VER) .... muchas fotos suyas.
3. Como no (RECIBIR) .... ninguna carta de María, (DECIDIR) .... llamarla por teléfono y saber de ella. Estaba muy bien.
4. Se (PONER) .... muy colorado cuando se (DAR) .... cuenta que Ana (ESTAR) .... escuchando toda la conversación.
5. (INTENTAR) .... convencerle para que cambiara de opinión, pero (SER) .... imposible, César ya (TOMAR) .... la decisión de irse y se fue.
6. Celia se (COMPRAR) .... otro coche porque el anterior se (ROMPER) .... y no tenía arreglo.
7. Cuando Pablo le (CONTAR) .... a Iñaqui la historia, él no (SORPRENDERSE) .... en absoluto porque ya (OÍR) .... los rumores.
8. Javier no (SABER) .... qué decir cuando nosotros le (PREGUNTAMOS) .... por Nuria, porque le (PROMETER) .... no contar nada.
9. Laura (DEJAR) .... de fumar antes de visitar al médico.
10. Irene no (QUERER) .... hablar con Jorge por lo que (OÍR) .... contar de él.

3. Haz frases como en el modelo:

Ej.: 1. 1995, Sevilla. 2000, Sevilla.

   En el año 2000 estuvo en la ciudad que ya había visitado cinco años antes.

2. 1991, El Quijote. 1999, El Quijote.

   ....

3. Abril 1985, Museo del Prado. Mayo 1985, Museo del Prado.

   ....

4. Sábado, paella. Domingo, paella.

   ....

5. Enero, concierto de guitarra flamenca. Junio, concierto de guitarra flamenca.

   ....

aplicación

Ficha 42

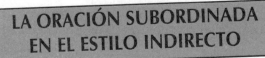

LA ORACIÓN SUBORDINADA EN EL ESTILO INDIRECTO

5 tema

> *El otro día vi a Arturo y me preguntó por ti.* **Que** *qué tal estabas,* **que** *si te habías casado,* **que** *él estaba muy bien,* **que** *tenía ya dos hijos y todo eso*

Para transmitir las palabras de otra persona:

Transmitir informaciones	(Ha dicho) QUE + información.
Transmitir preguntas	(Ha dicho / preguntado) QUE CUÁNDO QUE POR QUÉ + pregunta QUE QUÉ QUE SI
Transmitir una respuesta	(Ha dicho / respondido) QUE SÍ QUE NO

aplicación

1. Transforma estas preguntas en estilo indirecto. Sigue el modelo:

Ej.: 1. ¿Cuántos años tienes?
   Ha preguntado que cuántos años tienes.

2. ¿Cómo te llamas?
   ....

3. ¿Qué haces este fin de semana?
   ....

4. ¿Vienes con nosotros a tomar un café?
   ....

5. ¿A qué hora empieza la película?
   ....

6. ¿Cómo estás?
   ....

7. ¿Vives solo?
   ....

8. ¿Estás casado?
   ....

9. ¿Cuál es la distancia entre Madrid y Sevilla?

....

10. ¿Te gusta este libro?

....

2. Completa este diálogo con "que", "que si" o "que + interrogación":

– El otro día me encontré con Jorge.

– ¡Ah, sí!, ¿y qué te dijo?

– .... 1 .... estaba muy bien, ... 2 .... tenía un nuevo trabajo. Me preguntó mucho por ti. .... 3 ...... estabas bien, ... 4 ....
seguías en la misma empresa, ... 5 .... vives ahora y todo eso.

– Hace mucho que no le veo. Me encantaría quedar un día con él y...

– Pues, precisamente, me dijo .... 6 .... quería llamarnos,
.... 7 .... sabía tu número de teléfono, ... 8 .... hacía
por lo menos un año que no nos veíamos y .... 9 .... quería salir
un día con nosotros a tomar algo.

– Ah, pues, si hablas con él, dile .... 10 .... sí, ... 11 ....
quiero verlo.

3. ¿Cómo reproduces estas conversaciones? Fíjate en el modelo.

Ej.: 1. – ¿Vas a ir a la fiesta de Carlos?
     – Sí, claro. Allí estaré.

Le ha preguntado que si iba a ir a la fiesta de Carlos y ha dicho que sí.

2. – ¿Quieres participar en el regalo que le vamos a hacer a Celia?
   – No. Es que no tengo dinero.

....

....

3. – ¿Te has comprado la moto que querías?
   – Sí, sí, sí. Una muy buena. Es una moto para ir por la carretera, muy
     buena y rápida.

....

....

4. – ¿Qué vas a hacer este fin de semana?
   – Quiero ir a casa de Alejandro.
   – ¡A casa de Alejandro! ¿Me haces un favor? Dale esto.
   – Muy bien, yo se lo doy.

....

....

5. – ¿Has visto a Gemma?
   – Pues no. Se debe de haber ido, supongo.

....

....

aplicación

LA DEIXIS EN EL ESTILO INDIRECTO

Ficha 43

5 tema

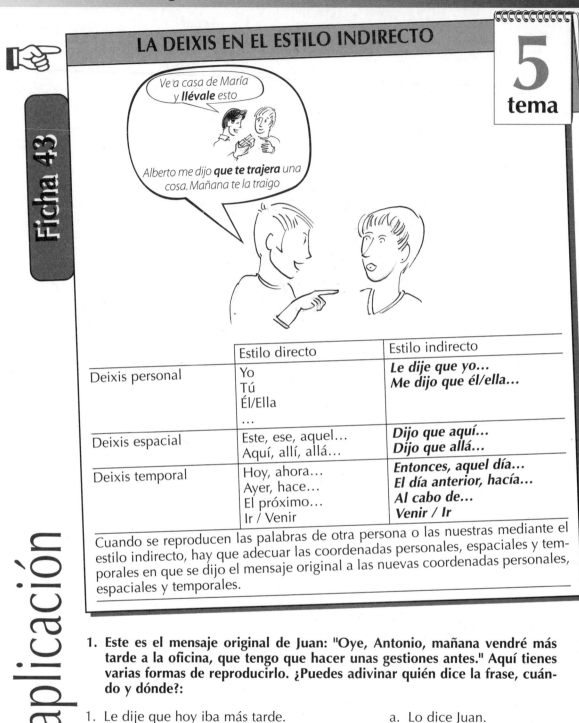

	Estilo directo	Estilo indirecto
Deixis personal	Yo Tú Él/Ella …	*Le dije que yo…* *Me dijo que él/ella…*
Deixis espacial	Este, ese, aquel… Aquí, allí, allá…	*Dijo que aquí…* *Dijo que allá…*
Deixis temporal	Hoy, ahora… Ayer, hace… El próximo… Ir / Venir	*Entonces, aquel día…* *El día anterior, hacía…* *Al cabo de…* *Venir / Ir*

Cuando se reproducen las palabras de otra persona o las nuestras mediante el estilo indirecto, hay que adecuar las coordenadas personales, espaciales y temporales en que se dijo el mensaje original a las nuevas coordenadas personales, espaciales y temporales.

aplicación

1. **Este es el mensaje original de Juan: "Oye, Antonio, mañana vendré más tarde a la oficina, que tengo que hacer unas gestiones antes." Aquí tienes varias formas de reproducirlo. ¿Puedes adivinar quién dice la frase, cuándo y dónde?:**

1. Le dije que hoy iba más tarde.
2. Le he dicho que mañana voy más tarde.
3. Le dije que hoy venía más tarde.
4. Me dijo que hoy venía más tarde.
5. Me dijo que hoy iba más tarde.
6. Me ha dicho que mañana viene más tarde.
7. Me ha dicho que mañana iba más tarde.

a. Lo dice Juan.
b. Lo dice Antonio.
c. Lo dice en la oficina.
d. Lo dice en otro lugar.
e. Lo dice en el mismo día.
f. Lo dice al día siguiente.

2. Aquí tienes otras frases originales. ¿Puedes imaginar distintas formas de reproducirlas? Describe el contexto de cada reproducción:

1. "Oye, Félix. Hoy estoy muy cansado y me voy a casa."
   ....
   ....

2. "María, quiero hablar contigo un momento. ¿Vienes a mi despacho?"
   ....
   ....

3. "¿Cuándo va a venir a casa a cenar?"
   ....
   ....

4. "Esto es para ti. Feliz cumpleaños."
   ....
   ....

5. "Mañana te llamo y quedamos. ¿De acuerdo?"
   ....
   ....

3. Observa el ejemplo e imagina los contextos en los otros casos:

Ej.: 1. – Me ha dicho que te dé estos informes. (*Tienes los informes en la mano.*)
   – Me ha dicho que te dé esos informes de ahí. (*Los informes están en la habitación.*)
   – Me ha dicho que te dé unos informes. (*No tienes los informes ahora mismo.*)

2. – Me ha pedido que te traiga este periódico para que lo leas.
   ....

   – Me ha dicho que tú tienes el periódico de ayer.
   ....

   – Me ha preguntado que de quién es ese periódico.
   ....

3. – Me ha dado una cosa y ha dicho que es para ti.
   ....

   – Me ha dado esto y ha dicho que es para ti.
   ....

   – Mira, ¿ves ese paquete de ahí? Pues me ha dicho que es para ti.
   ....

aplicación

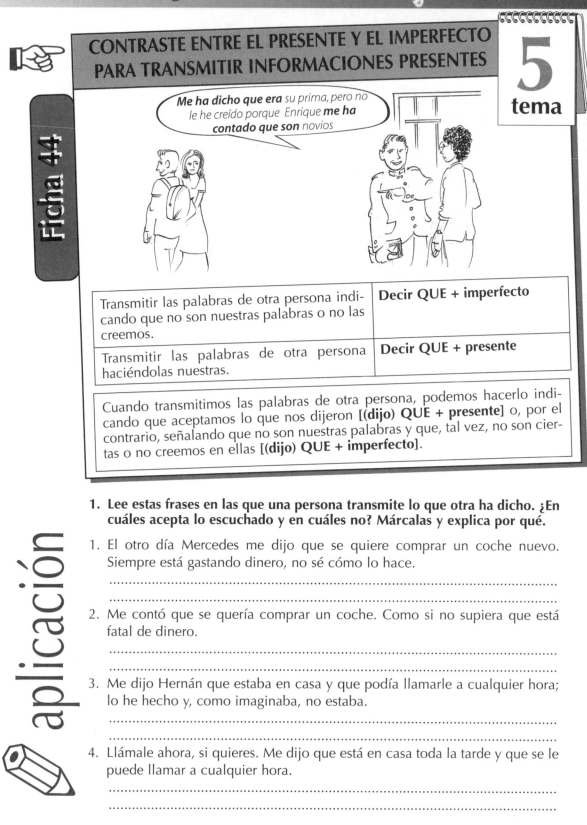

Ficha 44

CONTRASTE ENTRE EL PRESENTE Y EL IMPERFECTO PARA TRANSMITIR INFORMACIONES PRESENTES

5 tema

Me ha dicho que era su prima, pero no le he creído porque Enrique me ha contado que son novios

Transmitir las palabras de otra persona indicando que no son nuestras palabras o no las creemos.	**Decir QUE + imperfecto**
Transmitir las palabras de otra persona haciéndolas nuestras.	**Decir QUE + presente**

Cuando transmitimos las palabras de otra persona, podemos hacerlo indicando que aceptamos lo que nos dijeron [**(dijo)** QUE + **presente**] o, por el contrario, señalando que no son nuestras palabras y que, tal vez, no son ciertas o no creemos en ellas [**(dijo)** QUE + **imperfecto**].

aplicación

1. Lee estas frases en las que una persona transmite lo que otra ha dicho. ¿En cuáles acepta lo escuchado y en cuáles no? Márcalas y explica por qué.

1. El otro día Mercedes me dijo que se quiere comprar un coche nuevo. Siempre está gastando dinero, no sé cómo lo hace.
   ....
   ....

2. Me contó que se quería comprar un coche. Como si no supiera que está fatal de dinero.
   ....
   ....

3. Me dijo Hernán que estaba en casa y que podía llamarle a cualquier hora; lo he hecho y, como imaginaba, no estaba.
   ....
   ....

4. Llámale ahora, si quieres. Me dijo que está en casa toda la tarde y que se le puede llamar a cualquier hora.
   ....
   ....

5. Me ha dicho que Teresa estaba muy seria y antipática. ¡Qué raro, si siempre está de buen humor!

....

....

6. Dicen que Teresa está muy seria. No me extraña, con lo que está pasando la pobre.

....

....

7. Yo no sé nada, pero dicen que estaba con otro y que su marido lo sabía.

....

....

8. No vayas a verle. Me han dicho que está muy enfadado y que no hay quien le aguante hoy.

....

....

2. Transmite estas frases mostrando tu actitud según la situación:

Ej.: 1. Augusto: "Tengo muchísimo trabajo, muchísimo estrés y no tengo tiempo de nada." (Tú sabes que es un vago.)
Augusto ha dicho que tenía mucho trabajo, muchísimo estrés y que no tenía tiempo de nada.

2. Pilar: "Es una persona encantadora, muy simpática." (Tú sabes que se llevan fatal.)

....

3. Charo: "Mañana te llamo y confirmo si voy o no." (Sabes que lo hará.)

....

4. David: "Tengo un dolor terrible de cabeza, así que mejor me quedo en casa y no voy a tu fiesta." (El pobre sufre terribles jaquecas.)

....

5. Ana: "No voy a trabajar, es que me duele muchísimo la cabeza y…" (Todas las semanas falta algún día al trabajo por algún motivo.)

....

6. Jorge: "Mañana te traigo los libros que me prestaste." (Siempre te dice lo mismo.)

....

7. Hernando: "Tenemos que reunirnos y hacer algo para cambiar la situación." (No estás de acuerdo.)

....

8. Rocío: "Me encanta esta película, es muy buena." (Estás de acuerdo con ella.)

....

9. Gracia: "Tengo muchas ganas de verte. Un día de estos te llamo y quedamos." (No crees que lo haga.)

....

10. Manoli: "La situación política actual es muy buena, hay mucho trabajo, las calles son más seguras y todo va mejor." (No estás de acuerdo.)

....

aplicación

Ficha 45

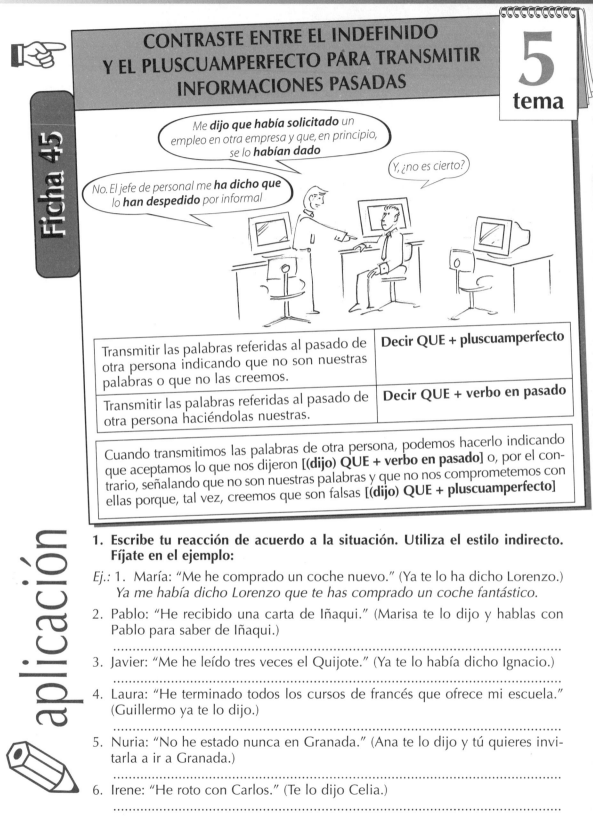

CONTRASTE ENTRE EL INDEFINIDO Y EL PLUSCUAMPERFECTO PARA TRANSMITIR INFORMACIONES PASADAS

5 tema

Me *dijo que había solicitado* un empleo en otra empresa y que, en principio, se lo *habían dado*

Y, ¿no es cierto?

No. El jefe de personal me *ha dicho que* lo *han despedido* por informal

Transmitir las palabras referidas al pasado de otra persona indicando que no son nuestras palabras o que no las creemos.	**Decir QUE + pluscuamperfecto**
Transmitir las palabras referidas al pasado de otra persona haciéndolas nuestras.	**Decir QUE + verbo en pasado**

Cuando transmitimos las palabras de otra persona, podemos hacerlo indicando que aceptamos lo que nos dijeron **[(dijo) QUE + verbo en pasado]** o, por el contrario, señalando que no son nuestras palabras y que no nos comprometemos con ellas porque, tal vez, creemos que son falsas **[(dijo) QUE + pluscuamperfecto]**

aplicación

1. Escribe tu reacción de acuerdo a la situación. Utiliza el estilo indirecto. Fíjate en el ejemplo:

Ej.: 1. María: "Me he comprado un coche nuevo." (Ya te lo ha dicho Lorenzo.)
Ya me había dicho Lorenzo que te has comprado un coche fantástico.

2. Pablo: "He recibido una carta de Iñaqui." (Marisa te lo dijo y hablas con Pablo para saber de Iñaqui.)
....

3. Javier: "Me he leído tres veces el Quijote." (Ya te lo había dicho Ignacio.)
....

4. Laura: "He terminado todos los cursos de francés que ofrece mi escuela." (Guillermo ya te lo dijo.)
....

5. Nuria: "No he estado nunca en Granada." (Ana te lo dijo y tú quieres invitarla a ir a Granada.)
....

6. Irene: "He roto con Carlos." (Te lo dijo Celia.)
....

2. Ahora observa que la situación es diferente. ¿Cómo expresas lo que te dijeron? Lee el ejemplo y escribe las frases:

Ej.: 1. María: "¿Tomamos el metro o el autobús?" (Sabes que se ha comprado un coche nuevo.)
¿Pero no me dijiste que te habías comprado un coche fantástico?

2. Pablo: "He recibido una carta de Iñaqui." (Le cuentas a Pablo que Iñaqui se ha casado y no sabe nada.)
....

3. Javier: "Me he leído tres veces el Quijote." (Javier no sabe quién es Dulcinea del Toboso.)
....

4. Laura: "He terminado todos los cursos de francés que ofrece mi escuela." (Laura te da un texto en francés para que se lo traduzcas.)
....

5. Nuria: "No he estado nunca en Granada." (La ves hablando con unos amigos sobre la Alhambra.)
....

6. Irene: "He roto con Carlos." (Ves a Irene y a Carlos de la mano.)
....

3. Relaciona las frases con la situación:

1. a. Me ha dicho que ha hecho el examen fatal.
   b. Me ha dicho que había hecho el examen fatal.
2. c. Su secretaria me ha dicho que se ha ido ya a casa.
   d. Su secretaria me ha dicho que había ido ya a casa.
3. e. Te ha dicho que se le había olvidado el dinero en casa, pero que mañana te lo trae.
   f. Te ha dicho que se le ha olvidado el dinero en casa, pero que mañana te lo trae.

I. Me extraña. Con lo que había estudiado.
II. Es normal. El examen es muy difícil.
III. Es muy raro porque es muy pronto y siempre se va muy tarde.
IV. Le vas a llamar a casa.
V. Siempre te dice lo mismo y nunca te devuelve el dinero que te debe.
VI. Mañana te lo trae, seguro.

4. Aquí tienes algunas frases. Crea tú el contexto y reproduce las frases:

1. "No te he escrito antes porque no he tenido tiempo."
....

2. "No he hecho los deberes porque se me ha perdido el cuaderno."
....

3. "He llegado tarde a la cita porque se ha estropeado el metro."
....

4. "He aprobado el examen, seguro."
....

5. "He conocido a la mujer de mi vida."
....

aplicación

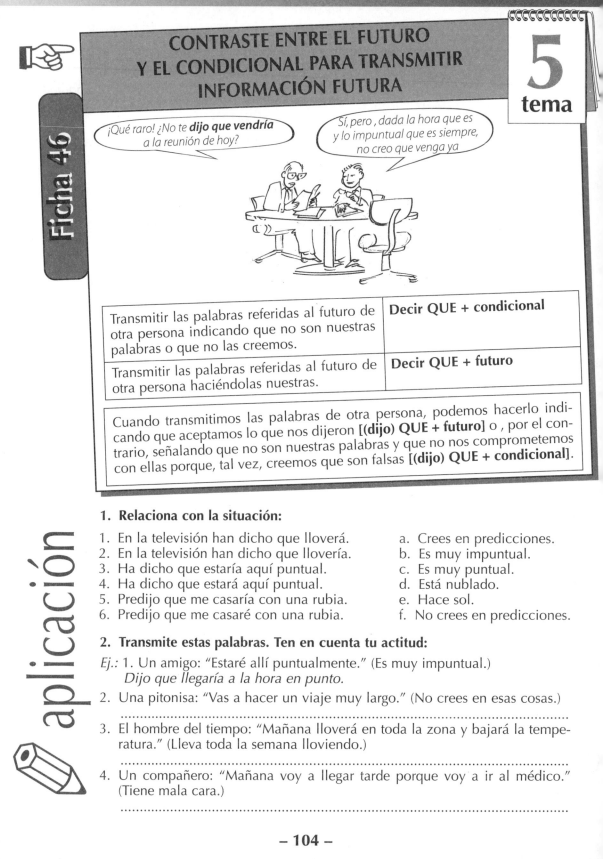

CONTRASTE ENTRE EL FUTURO Y EL CONDICIONAL PARA TRANSMITIR INFORMACIÓN FUTURA

5 tema

Ficha 46

¡Qué raro! ¿No te **dijo que vendría** a la reunión de hoy?

Sí, pero , dada la hora que es y lo impuntual que es siempre, no creo que venga ya

Transmitir las palabras referidas al futuro de otra persona indicando que no son nuestras palabras o que no las creemos.	**Decir QUE + condicional**
Transmitir las palabras referidas al futuro de otra persona haciéndolas nuestras.	**Decir QUE + futuro**

Cuando transmitimos las palabras de otra persona, podemos hacerlo indicando que aceptamos lo que nos dijeron **[(dijo) QUE + futuro]** o , por el contrario, señalando que no son nuestras palabras y que no nos comprometemos con ellas porque, tal vez, creemos que son falsas **[(dijo) QUE + condicional]**.

aplicación

1. Relaciona con la situación:

1. En la televisión han dicho que lloverá.
2. En la televisión han dicho que llovería.
3. Ha dicho que estaría aquí puntual.
4. Ha dicho que estará aquí puntual.
5. Predijo que me casaría con una rubia.
6. Predijo que me casaré con una rubia.

a. Crees en predicciones.
b. Es muy impuntual.
c. Es muy puntual.
d. Está nublado.
e. Hace sol.
f. No crees en predicciones.

2. Transmite estas palabras. Ten en cuenta tu actitud:

Ej.: 1. Un amigo: "Estaré allí puntualmente." (Es muy impuntual.)
     Dijo que llegaría a la hora en punto.

2. Una pitonisa: "Vas a hacer un viaje muy largo." (No crees en esas cosas.)
   ....

3. El hombre del tiempo: "Mañana lloverá en toda la zona y bajará la temperatura." (Lleva toda la semana lloviendo.)
   ....

4. Un compañero: "Mañana voy a llegar tarde porque voy a ir al médico." (Tiene mala cara.)
   ....

5. Un amigo: "Te llamaré uno de estos días." (Nunca lo hace.)

....

6. El presidente de la comunidad de vecinos: "Vamos a arreglar la escalera, vamos a pintar el portal y vamos a cambiar el ascensor." (Tú crees que en las reuniones de vecinos se habla mucho y se hace poco.)

....

> A veces, cuando hablamos del futuro, utilizamos el tiempo futuro para referirnos a predicciones o utilizamos la perífrasis **IR A + infinitivo** para referirnos a planes y proyectos. Igual ocurre en el estilo indirecto: cuando transmitimos las palabras de otra persona como predicciones, utilizamos "(dijo) **QUE + futuro**" y cuando lo hacemos como planes, utilizamos "(dijo) **QUE + va a + infinitivo**."

3. Aquí tienes unas frases referidas al futuro. Marca cuáles consideras que son dichas como predicciones y cuáles como planes:

1. El tiempo será bueno durante todo el fin de semana.

....

2. El año que viene me voy de vacaciones a las Canarias.

....

3. Esta tarde salgo con Teresa. Vamos de compras.

....

4. Con esta medicina se encontrará mejor en unos días.

....

5. Se prevé que la inflación baje en unos meses, pero que suba el número de parados.

6. Si todo sale bien, en unos meses me compraré la casa que tanto quiero.

....

7. Te llamo un día de estos y quedamos.

....

8. No te preocupes por tu hijo. Ya verás como en unos días te llama y se aclara todo.

....

9. Me imagino que estará a punto de llegar; ya son las diez.

....

10. En cuanto pueda, te llamo.

....

4. Ahora transmite esas frases utilizando el tiempo futuro o la perífrasis, según convenga.

Ej.: 1. El hombre del tiempo ha dicho que el tiempo será bueno durante todo el fin de semana.

....
....
....
....
....

aplicación

De la misma manera que con el estilo indirecto podemos indicar nuestra actitud ante las palabras de otra persona, si queremos marcar que son palabras ajenas o si, por algún motivo, aceptamos lo que la otra persona ha dicho y hacemos nuestras sus palabras, del mismo modo, cuando transmitimos predicciones futuras o planes, podemos mostrar nuestra actitud. Al transmitir predicciones o planes que aportamos o hacemos nuestros, utilizamos **"(dijo) QUE + futuro o + VA A + infinitivo"**. Cuando transmitimos predicciones o planes y marcamos que son palabras de otra persona, utilizamos **"(dijo) QUE + condicional o + IBA A + infinitivo"**.

5. Aquí tienes estas predicciones de futuro. Reproduce lo que han dicho. Ten en cuenta tu actitud al hacerlo:

Ej.: 1. Lloverá en toda la zona, con fuertes vientos, y bajarán las temperaturas. (El cielo está nublado.)
   Ha dicho que mañana lloverá en toda España.

2. Lloverá en toda la zona, con fuertes vientos, y bajarán las temperaturas. (El cielo está despejado y hace mucho calor.)
   ....

3. Con estas pastillas la fiebre remitirá en un par de días. (No crees en la medicina tradicional.)
   ....

4. Con estas pastillas la fiebre remitirá en un par de días. (Sabes que es un buen médico y que todo lo que dice se cumple.)
   ....

5. La situación económica mejorará notablemente cuando entren en vigencia las nuevas medidas del gobierno. (Crees que es un prestigioso analista económico.)
   ....

6. La situación económica mejorará notablemente cuando entren en vigencia las nuevas medidas del gobierno. (No tienes la misma opinión que el conferenciante.)
   ....

7. Juntos formaremos un grupo fuerte y ganaremos las elecciones. (Ojalá.)
   ....

8. Juntos formaremos un grupo fuerte y ganaremos las elecciones. (Las encuestas dicen lo contrario.)
   ....

6. Aquí tienes estos planes de futuro. Reproduce lo que han dicho. Ten en cuenta tu actitud al hacerlo:

Ej.: 1. Te llamo esta noche y hablamos, ¿de acuerdo? (Esperas que te llame.)
   Ha dicho que me va a llamar esta noche.

2. Te llamo esta noche y hablamos, ¿de acuerdo? (Siempre dice lo mismo y nunca te llama.)
   ....

3. Tú no te preocupes, en cuanto esté en Barcelona, te escribo todos los días y te cuento cómo me va. (Sabes que no le gusta escribir cartas.)
   ....

aplicación

4. Tú no te preocupes, en cuanto esté en Barcelona, te escribo todos los días y te cuento cómo me va. (Lo que dice, lo cumple, seguro.)

   ....

5. Esta noche me quedo hasta las tantas trabajando, pero mañana tienes el informe encima de tu mesa. (Es muy trabajador y muy formal, seguro que lo hace.)

   ....

6. Esta noche me quedo hasta las tantas trabajando, pero mañana tienes el informe encima de tu mesa. (Lleva unas semanas trabajando mucho y está muy cansado. No crees que pueda hacerlo.)

   ....

7. Te vamos a subir el sueldo y vamos a mejorar tu situación laboral. (Te lo ha prometido y su aspecto era serio.)

   ....

8. Te vamos a subir el sueldo y vamos a mejorar tu situación laboral. (La situación de la empresa no permite hacer despilfarros y, además, a todo el mundo le ha prometido lo mismo.)

   ....

7. **Ahora reproduce las frase anteriores fijándote en si son planes o predicciones y tu actitud al reproducirlas:**

Ej.: 1. El tiempo será bueno durante todo el fin de semana. (Hoy hace mucho calor.)
   Ha dicho que el tiempo sería bueno.

   2. El año que viene me voy de vacaciones a las Canarias. (Siempre dice lo mismo y nunca sale de vacaciones.)

      ....

   3. Esta tarde salgo con Teresa. Vamos de compras. (Se pasa el día con Teresa.)

      ....

   4. Con esta medicina se encontrará mejor en unos días. (Llevas meses oyendo lo mismo.)

      ....

   5. Se prevé que la inflación baje en unos meses, pero que suba el número de parados. (Con la política actual del gobierno, no te extraña.)

      ....

   6. Si todo sale bien, en unos meses me compraré la casa que tanto quiero. (Lleva mucho tiempo ahorrando para conseguirlo.)

      ....

   7. Te llamo un día de estos y quedamos. (Es una frase vacía de intención.)

      ....

   8. No te preocupes por tu hijo. Ya verás como en unos días te llama y se aclara todo. (No lo tienes muy claro, tu hijo se fue muy enfadado y es muy cabezota.)

      ....

   9. Me imagino que estará a punto de llegar; ya son las diez. (Siempre llega a la misma hora.)

      ....

   10. En cuanto pueda, te llamo. (Nunca lo hace, por qué le vas a creer.)

      ....

aplicación

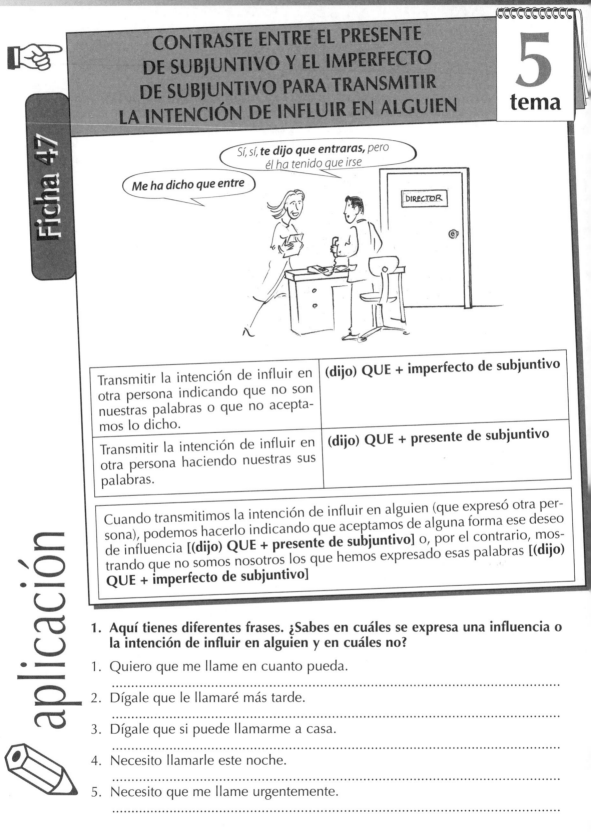

CONTRASTE ENTRE EL PRESENTE DE SUBJUNTIVO Y EL IMPERFECTO DE SUBJUNTIVO PARA TRANSMITIR LA INTENCIÓN DE INFLUIR EN ALGUIEN

tema 5

> *Sí, sí, **te dijo que entraras,** pero él ha tenido que irse*

> **Me ha dicho que entre**

DIRECTOR

Transmitir la intención de influir en otra persona indicando que no son nuestras palabras o que no aceptamos lo dicho.	**(dijo) QUE + imperfecto de subjuntivo**
Transmitir la intención de influir en otra persona haciendo nuestras sus palabras.	**(dijo) QUE + presente de subjuntivo**

Cuando transmitimos la intención de influir en alguien (que expresó otra persona), podemos hacerlo indicando que aceptamos de alguna forma ese deseo de influencia [**(dijo) QUE + presente de subjuntivo**] o, por el contrario, mostrando que no somos nosotros los que hemos expresado esas palabras [**(dijo) QUE + imperfecto de subjuntivo**]

aplicación

1. Aquí tienes diferentes frases. ¿Sabes en cuáles se expresa una influencia o la intención de influir en alguien y en cuáles no?

1. Quiero que me llame en cuanto pueda.

....

2. Dígale que le llamaré más tarde.

....

3. Dígale que si puede llamarme a casa.

....

4. Necesito llamarle este noche.

....

5. Necesito que me llame urgentemente.

....

6. Llámame, por favor.

....

7. ¿Te importaría llamarme a casa esta noche?

....

8. ¿Te importa que te llame a casa después de las once?

....

Si queremos reproducir la intención de influir en alguien, debemos usar **"(dijo) QUE + subjuntivo"**. Por ejemplo: *dijo que le llames.*

2. Observa estas formas de transmitir el deseo de influencia de otra persona. ¿En cuáles se aceptan esas influencias y en cuáles no?:

1. ¿No te dijo tu madre que hagas la cama? Venga, que ya es muy tarde.

....

2. El director de personal ha dicho que vayas a su despacho. Parece que te necesita para algo importante.

....

....

3. Me ha dicho que fueras a verle. Yo que tú no lo haría, está de malas pulgas hoy.

....

....

4. Me dijo que le compraras este libro, pero es carísimo.

....

5. Tú verás. El médico dijo que no comieras tanta grasa, pero hoy he preparado un asado riquísimo.

....

6. Te ha llamado José por teléfono. Que le llames.

....

7. Ha dicho Carlos que no vuelvas tarde.

....

....

8. Me ha dicho Begoña que le pasaras a máquina estos folios. Yo me voy.

....

....

3. Transmite este deseo de influir en otra persona. Ten en cuenta tu actitud al hacerlo.

1. Necesito hablar con Antonio urgentemente (Se lo dices a Antonio. Parece importante.)

....

....

aplicación

2. Que se vaya Jesús a comprar las entradas del concierto. (Se lo dices a Jesús, pero a ti no te parece lógico que lo haga él solo.)

....

....

3. Tiene que vestirse mejor para ir a trabajar. (Tiene razón, no va bien vestido.)

....

....

4. Es importante que nos reunamos todos para discutir estos temas. (A ti te parece una pérdida de tiempo.)

....

....

5. Quiero que venga y me lo explique a la cara. (Tiene razón.)

....

....

6. Necesito que me haga un informe detallado de su investigación. (No vale para nada.)

....

....

7. Llámame en cuanto llegues. (No tenéis mucho tiempo para llamar.)

....

....

8. Cómprame algo. (Quieres complacerle.)

....

....

9. Que no volváis tarde. (Los padres dicen siempre lo mismo.)

....

....

10. Quiero que Ana me lo cuente todo. (Tú sabes que eso es imposible.)

....

....

aplicación

CLAVES DEL LIBRO DE REFERENCIA
Planet@ 3

═══════════════ **TEMA 1** ═══════════════

FICHA 1:

1. EXPRESIONES DE GUSTO Y ALEGRÍA: Me encanta, Me gusta, Me pone contenta, Me pone alegre. EXPRESIONES DE ENFADO Y FASTIDIO: Me fastidia, Me indigna, Me enfada, Me pone furioso. EXPRESIONES DE DECEPCIÓN Y TRISTEZA: Me entristece, Me avergüenza, Me decepciona, Me duele.

2. 1- g; 2- a; 3- h; 4-i; 5- b; 6- c; 7- d; 8- e; 9- f.

3. 1. Me preocupa, me gustan, me indigna, te preocupa, me alegra. 2. te ponen, Me avergüenza. 3. nos pone. 4. nos decepciona, nos preocupan. 5. le alegra, le preocupan.

4. 2. A mí me encanta esta impresora. Es fantástica. 3. A Jesús le fastidia este ordenador porque funciona mal. 4. A mí me avergüenzan las faltas de ortografía que hay en este informe. 5. A nosotros nos preocupan los malos resultados de la empresa. 6. Al señor Gómez le decepciona el absentismo laboral de sus empleados. 7. ¿A ustedes no les pone triste la escasa participación de los trabajadores en las reuniones sindicales? 8. Me encantan los nuevos turnos de trabajo. Son mucho más cómodos. 9. A nosotras nos entristece el despido de Gerardo. 10. A los directores les preocupan los accidentes de trabajo tan frecuentes. 11. Me pone nervioso la mala gestión de esta empresa.

FICHA 2:

2. (Soluciones indicativas, pueden ser de otra manera) 2. A Josep le encanta ver la televisión (mucho tiempo). 3. A Queralt le encanta (gusta) bailar en público. 4. A Josep no le gusta nada (Josep no soporta) trabajar en equipo. 5. A Queralt le encanta comprar ropa. 6. A Josep no le preocupa (en absoluto) no tener un piso en propiedad. 7. A Queralt no le preocupa cumplir años. 8. Josep no soporta reunirse con la familia. 9. A Queralt no le divierte nada salir con sus amigos por la noche. 10. A Josep no le gusta nada la comida exótica.

3. 2. (A mí) me gusta… 3. (A mí) me aburre… 4. (A mí) me preocupa… 5. (A mí) me gusta… 6. (A mí) me interesa… 7. (A mí) me pone contento/a… 8. (A mí) me divierte… 9. (A mí) me entristece… 10. (A mí) me molesta… 11. (A mí) me encanta…

FICHA 3:

1. 1. deje. 2. hable. 3. ceda. 4. vean. 5. vengan. 6. se reúnan. 7. haga. 8. vayas. 9. estudie. 10. esté.

2. 1- e; 2- a; 3- h; 4- g; 5- d; 6- b; 7- c; 8- f.

3. 1. Hable, hablemos, hablen. 2. Piense, pensemos, piensen. 3. Diga, digamos, digan. 4. Regale, regalemos, regalen. 5. Ría, riamos, rían. 6. Salga, salgamos, salgan. 7. Haga, hagamos, hagan. 8. Vuelva, volvamos, vuelvan. 9. Repita, repitamos, repitan. 10. Traiga, traigamos, traigan.

FICHA 4:

1. 1 - d; 2 - b; 3 - h; 4 - g; 5 - c; 6 - f; 7 - j; 8 - e; 9 - i; 10 - a; 11 - l; 12 - k.

2. 2. (Espero que) hayáis trabajado bien. 3. (Espero que) hayan dicho la verdad. 4. (Espero que) hayáis hablado con él correctamente. 5. (Espero que) haya salido a tiempo. 6. (Espero que) hayas mentido sin querer. 7. (Espero que) haya llegado descansada.

3. 1. Espero que comas equilibradamente. 2. Espero que no hayas comido demasiado. 3. Espero que escribas con letra clara. 4. Espero que hayas escrito el informe con letra legible. 5. Espero que te tomes un descanso corto. 6. Espero que te hayas tomado un descanso para hacer algo útil. 7. Espero que no sean graves. 8. Espero que no haya sido personal. 9. Espero que sea temporal. 10. Espero que no hayas estado preocupado por mí.

FICHA 5:

1. 2. ....haya dejado los platos sin lavar. 3. ....haya ordenado toda la casa. 4. ....haya regado las plantas. 5. ....haya dejado el cuarto de baño sucio. 6. ....me haya dejado una nota deseándome un buen día. 7. ....me haya planchado mi camisa. 8. ....haya hecho la compra con mi dinero. 9. ....haya dejado su bicicleta en medio del pasillo. 10. ....se haya olvidado de sacar a pasear al perro.

2. 1..........se hayan separado... 2. ....haya aprobado las oposiciones... 3. ....me haya dejado de hablar... 4. ....me hayan regalado un libro... 5. ....no haya escrito (no haya mandado noticias)... 6. ....se me haya olvidado... 7. ....me haya invitado... 8. ....hayan tenido una hija...

3. 2. Me interesa que bajen los tipos de interés. 3. Me preocupa que aumente el número de parados. 4. Me sorprende que haya más flexibilidad en los tipos de contratos laborales. 5. Me alegra que disminuya el déficit público. 6. Me disgusta mucho que la desigualdad entre países ricos y países pobres esté aumentando. 7. No soporto que cada tres minutos muera una persona de hambre en el mundo. 8. Me inquieta que no sepamos nada de los experimentos científicos. 9. Me agrada que haya una equiparación cada vez mayor entre hombres y mujeres. 10. Me parece muy bien y me gusta que cada vez se lean más libros. 11. Me encanta que hoy en día muchos jóvenes participen en actividades voluntarias para ayudar a otras personas.

FICHA 6:

2. 2. ....que Álvaro haya empezado a trabajar en una ONG. 3. ....que en las grandes ciudades existan muchas (tantas) diferencias sociales. 4. ....que hayan prohibido el uso del PVC en la fabricación de juguetes. 5. ....que el Dalai Lama haya escrito un libro sobre el poder de la compasión. 6. ....que ya existan en el mercado muchos productos alimenticios con componentes transgénicos. 7. ....que últimamente hayan descubierto algunos fármacos muy efectivos en la lucha contra el SIDA. 8. ....que en Brasil hayan declarado obligatorio el aprendizaje del español en la enseñanza primaria y secundaria. 9. ....que en España algunos hombres todavía digan piropos a las mujeres por la calle. 10. ....que cada día se vean más anuncios de coches en la televisión.

3. 1. hayas llegado, lo haya visto, llegues. 2. tenga, dé, haya ofrecido. 3. haya tenido, esté. 4. se haya estropeado, funcione. 5. les hayan dado, hayan dado, trasladen.

FICHA 7:

1. 1 - j; 2 - f; 3 - c; 4 - b; 5 - g; 6 - h; 7 - i; 8 - e; 9 - a; 10 - d.

3. 1-p-XIX; 2-r-XV; 3-c-XVIII, 4-q-II; 5-e-XII; 6-j-XX; 7-n-XI; 8-l-X; 9-a-XVI; 10-m-IX; 11-h-XXII; 12- d-I; 13-t-VI; 14-s-XIII; 15-k-XVI; 16-u-IV; 17-g-III; 18-o-XXI; 19-f-V; 20-i-VII; 21-v-XIV; 22-b-VIII.

5.

	Con el verbo *Ser*	Con el verbo *Estar*
Con personas	mal carácter	enfermo/a
Con objetos o cosas	mala calidad	mal sabor o mal estado

	Con el verbo *Ser*	Con el verbo *Estar*
Con personas	buen carácter	sano/a
Con objetos o cosas	buena calidad	buen sabor o buen estado

FICHA 8:

1. 2. Alejandro es más gordo que Nati (Nati es más delgada que Alejandro). 3. Luis gana más dinero que Raúl (Raúl gana menos dinero que Luis). 4. Flor tiene más hijos que Rosendo (Rosendo tiene menos hijos que Flor). 5. Nacho llegó más tarde que Lorenzo (Lorenzo llegó más pronto que Nacho). 6. Alba iba más rápido que Andrés (Andrés iba más lento que Alba). 7. Mi padre comía más rápido que nosotros. 8. El AVE va más rápido que el TALGO. 9. El año pasado vinieron menos turistas que este año. 10. Sevilla está más cerca de Madrid que Barcelona.

2. 2. Ana gasta en una semana más dinero del que gasta su hermana en un mes. 3. Roberto conduce más deprisa de lo que conducen Yolanda y Hernán. 4. Asunción viaja en un año menos de lo que viaja Lola en un mes. 5. Alberto y Sonia leen en un año menos libros de los que leemos nosotros en un par de meses. 6. Tu hermana tiene menos años de los que tiene la mía. 7. Antonio come más verdura de la que comen Ignacio, Manuel y Jacinto juntos. 8. Alfredo trabaja en un mes más de lo que trabaja Enrique en dos. 9. Vicente gasta en teléfono en dos meses más de lo que yo gasto en un año. 10. Beatriz dice más palabras en un minuto de las que cualquier persona dice en cinco.

3. 2. Ana es la más gastadora/derrochadora de las dos hermanas. 3. Roberto el más rápido conductor de los tres. 4. Lola es la más viajera de las dos. 5. Alberto y Sonia son los menos lectores de todos. 6. Tu hermana es la más joven. 7. Antonio es el más comedor de verdura de todos. 8. Alfredo es el más trabajador de los dos. 9. Vicente es el más gastador/hablador de los dos. 10. Beatriz es la más rápida/ habladora de todos.

4. 1. de. 2. que. 3. de. 4. que. 5. de. 6. que. 7. que, que. 8. de. 9. de. 10. que.

FICHA 9:

1. Eduardo vive en un piso que mide 50 metros cuadrados, que tiene una cocina pequeña, que no tiene ascensor ni calefacción central, que es ruidoso y que está lejos del metro.
Quiero un piso que mida 100 metros cuadrados, que tenga dos dormitorios, que tenga terraza y calefacción central, que sea tranquilo, que esté bien comunicado y que cueste menos de 130.000 ptas. al mes.

2. 2. ¿Dónde hay una agencia que alquile casas rurales...? 3. Busco una señora que limpie... 4. Busco una persona que traduzca... 5. Necesito un coche que tenga aire acondicionado... 6. Necesito una agencia que busque lugares con encanto... 7. Busco a una persona que enseñe a esquiar... 8. Busco a una persona que sea especialista... 9. Busco a una persona que sea bilingüe... 10. Necesito un ordenador que sea...

3. 2. Necesitan un/-a director/-a que tenga disponibilidad temporal. 3. Necesitan un/-a director/-a que no tenga miedo a los aviones. 4. Necesitan un/-a director/-a que sea joven. 5. Necesitan un/-a director/-a que esté acostumbrado/a a viajar al extranjero. 6. Necesitan un/-a director/-a que tenga capacidad de comunicación. 7. Necesitan un/-a director/-a que vista más formal. 8. Necesitan un/-a director/-a que no sea autoritario/a. 9. Necesitan un/-a director/-a que sepa manejar los ordenadores. 10. Necesitan un/-a director/-a que tenga sentido del humor.

FICHA 10:

1. 1. Tengo un amigo muy simpático que trabaja en una empresa de construcción y puede ayudarte con tu casa. 2. He visto un libro en la tienda de la esquina que puede serte útil para tu trabajo. 3. Mi compañero tiene un nuevo puesto de trabajo que consiste en la distribución de un nuevo producto y en abrir nuevos mercados. 4. Las personas que estén interesadas en convocar una reunión del comité de empresa deben dirigirse a sus representantes laborales. 5. El autobús que recorre todos los pueblos de la provincia sale a las 12 horas.

2. 2. He visto un libro en la tienda de la esquina el cual puede serte útil para tu trabajo. 3. Mi compañero tiene un nuevo puesto de trabajo el cual consiste en la distribución de un nuevo producto y en abrir nuevos mercados. 5. El autobús el cual recorre todos los pueblos de la provincia, sale a las 12 horas.

3. 2. El que más me gusta es el... 3. El que más me interesa es... 4. La que más escucho es... 5. El que prefiero es... 6. La que más me gusta es... 7. Los que más detesto son... 8. El que más me importa es...

4. 2. Lo que me gusta del español es... 3. Lo que me sugiere la música de Mozart es... 4. Lo que más me impresiona de la vida es... 5. Lo que no me gusta nada/Lo que detesto es...

5. 2. Quien viva solo/a, que busque pareja. 3. Quien esté aburrido/a, que salga de casa. 4. Quien no hable español, que lo estudie. 5. Quien sea alto/a, que juegue al baloncesto. 6. Quien escriba a mano, que utilice el ordenador. 7. Quien esté cansado/a, que se vaya a dormir. 8. Quien cocine bien, que haga la comida. 9. Quien cante bien, que dé un concierto.

7. 2. Hoy he conocido a un chico, cuyo padre es sueco, que es bilingüe español-sueco. 3. Esta mañana me ha mordido un perro cuyo dueño es un hombre bastante huraño y que no ha pedido perdón ni se ha disculpado. 4. Me he comprado un libro muy famoso, *El Lazarillo de Tormes*, cuyo autor se desconoce, y que te recomiendo porque es muy bueno. 5. Ayer se incorporó al puesto de director de personal, cuyo titular anterior era Joaquín, el señor Álvarez, que había estado en Administración. 6. La empresa Plómez, cuya propietaria es la familia Gutiérrez, ha tenido que cerrar y despedir a todos sus empleados que estaban a punto de jubilarse.

TEMA 2

FICHA 11:

1. (Semilibre) 2. Pues a mi entender la sociedad actual está en un buen momento/no está en crisis. 3. Pues yo tengo la convicción de que Internet no va a ser accesible a todo el mundo en poco tiempo/va a ser sólo accesible a unos cuantos. 4. Pues yo tengo la impresión de que la natalidad está disminuyendo en España. 5. Pues yo creo que hoy en día la gente tiene muchos valores morales. 6. Pues a mí me parece que los niños de hoy son más listos porque ven la televisión/no están atontados por la televisión. 7. Pues yo creo que en las grandes ciudades las personas son felices. 8. Pues yo tengo la convicción de que las parejas de culturas diferentes conviven mejor/tienen menos problemas de convivencia. 9. Pues yo estoy convencida de que no es posible acabar con el hambre en el mundo. 10. Pues yo creo que la enseñanza debería ser privada, y no pública.

2. 2. Felipe tiene la convicción de que su hermano es inteligentísimo. 3. Mis padres tienen la impresión de que yo no estudio lo suficiente. 4. A mi entender, ese libro es aburridísimo. 5. Él cree que nosotros no tenemos capacidad para hacer ese trabajo. 6. Simón tiene la convicción de que la vida en la ciudad es muy interesante. 7. Ellos tienen la impresión de que nosotros no queremos ir a su fiesta. 8. Sonia cree que yo no sé nada del tema. 9. Los políticos están convencidos de que su forma de ver las cosas es la mejor. 10. Yo tengo la convicción de que aprender español es fácil.

3. a. me parece que; b. mí; c. que; d. Tengo; e. que; f. tengo la impresión/creo; g. Creo; h. de que.

FICHA 12:

1. 1- g; 2- d; 3- h; 4- b; 5- c; 6- e; 7- f; 8- a.

2. 2. aproveche. 3. esté. 4. haga. 5. marchen. 6. tenga. 7. podamos. 8. venga.

3. (Semilibre) 2. Yo no creo que nos ayude /nos vaya a ayudar. 3. Pues yo no creo que Alberto esté muy/tan contento en su nuevo trabajo. 4. No, no creo que vaya a ser buenísimo/tan bueno. 5. No, no creo que tengamos lluvia /vayamos a tener lluvia. 6. ¡Qué dices! No creo que Felipe y Alberto se vayan a comprar un coche nuevo. 7. ¿Estás loco? No me parece que a Sandra le haya tocado la lotería. 8. No, no creo que se pueda pagar con tarjeta. 9. Pues yo no estoy tan seguro/muy seguro de que la situación económica vaya a mejorar en el próximo año. 10. Pues a mí no me parece que Eva y yo nos vayamos a llevar muy/tan bien.

FICHA 13:

1. (Semilibre) 2. No coincido contigo en lo de que el español es un idioma difícil de aprender. 3. No estoy de acuerdo contigo en lo de que los italianos y los españoles se parecen en muchas cosas. 4. No coincido contigo en lo de que las mejores épocas para viajar a Cuba son el verano y el otoño. 5. No estoy de acuerdo contigo en lo de que en los países nórdicos la gente es muy fría y antipática. 6. No coincido contigo en lo de que la mejor manera de aprender un idioma es aprender bien la gramática y el vocabulario y saber traducir. 7. No estoy de acuerdo contigo es lo de que la comida mexicana es muy monótona y muy picante. 8. No estoy de acuerdo contigo en lo de que los argentinos son muy engreídos y bastante pedantes. 9. No estoy de acuerdo contigo en lo de que los hombres latinos son más machistas que los anglosajones y mucho más anticuados. 10. No estoy de acuerdo contigo en lo de que Granada es la ciudad más bonita de España y la más grande.

2. 2. ¿Qué opinas sobre eso de que nos vayan a mandar más deberes para casa? 3. ¿Qué opinas sobre eso de que te vayan a cambiar a otro grupo de nivel más bajo? 4. ¿Qué opinas sobre eso de que vayan a construir en nuestro barrio un gran centro comercial? 5. ¿Qué opinas sobre eso de que nos vayan a subir el alquiler de nuestra casa? 6. ¿Qué piensas sobre eso de que te haya abandonado tu novia? 7. ¿Qué piensas sobre eso de que tus/sus padres te/le hayan prohibido ir a la discoteca?

3. 1. No estoy de acuerdo con eso de que nos vayan a cambiar de clase. 2. No estoy de acuerdo con eso de que nos vayan a mandar más deberes para casa. 3. No estoy de acuerdo con eso de que me vayan a cambiar a otro grupo de nivel más bajo. 4. No estoy de acuerdo con eso de que vayan a construir un gran centro comercial en nuestro barrio. 5. No estoy de acuerdo con eso de que nos vayan a subir el alquiler de nuestra casa. 6. No estoy de acuerdo con eso de que me haya abandonado mi novia. 7. No estoy de acuerdo con eso de que mis padres me hayan prohibido ir a la discoteca.

FICHA 14:
1. 2. No está claro que Rosa y Pedro no tengan ganas de encontrarse con nosotros. 3. No es cierto que haya muchas personas que puedan realizar este trabajo. 4. No es verdad que llevemos mucho tiempo sin ir al cine ni al teatro. 5. No es evidente que las cosas no marchen bien con este gobierno. 6. No está claro que haya algún problema en el sistema operativo del ordenador. 7. No es verdad que últimamente nadie quiera ayudar a los demás. 8. No está claro que Rebeca sepa muy bien lo que dice. 9. No es evidente que ese colegia sea el más adecuado para nuestros hijos. 10. No es verdad que sea muy difícil encontrar trabajo.

2. 1. tiene. 2. perjudica. 3. sea. 4. se sienten. 5. haya dicho. 6. trabaja. 7. pueda.

FICHA 15:
2. Positivas: es alucinante, es bárbaro, es maravilloso, es estupendo, es bueno, es fabuloso, es genial, es fantástico, es bestial.
Negativas: me parece fatal, es espantoso, me horroriza, es horrible, es terrible, es bestial.

FICHA 16:
1. 1. des. 2. hayáis decidido. 3. sufran. 4. venga. 5. hayan construido. 6. vayamos 7. vengas. 8. aprendamos. 9. podamos. 10. venga.

2. (Semilibre) 2. Me parece fatal que Iria y Alejandro se hayan casado en secreto. 3. Me parece mal que mis padres hayan cambiado los muebles de mi habitación. 4. Me parece fantástico que el Ayuntamiento haya prohibido el tráfico rodado los miércoles. 5. Me parece bien que la comunidad de mi casa haya decidido prohibir la propaganda en los buzones. 6. Me parece una tontería que mi mejor amigo me haya regalado un perro. 7. Me parece muy interesante que mis compañeros de clase hayan decidido hacer un proyecto. 8. Me parece fabuloso que mi hermana haya pedido una beca para estudiar en México. 9. Me parece muy bien que hagan peatonal mi/la calle y pongan más árboles, porque hay que arreglar el centro de la ciudad. 10. Me parece fantástico que mi empresa organice unos cursos de formación, porque los empleados los necesitan.

FICHA 17:
1. ¿Te has enterado de lo de ... b. ; d.? ¿Te has enterado de lo del... a.; e.? ¿Te has enterado de lo de que... c.?

2. 1. lo de; 2. lo de la; 3. lo de que; 4. lo de; 5. lo de la; 6. Lo de la; 7. lo de que; 8. lo de; 9. Lo del; 10. Lo de que.

FICHA 18:

1. Diré (primera persona singular). Tendremos (primera persona plural). Vendremos (primera persona plural). Haremos (primera persona plural). Querré (primera persona singular). Tendréis (segunda persona plural). Saldrá (segunda persona singular).

2. 1. habrá estado; 2. habrán tenido; 3. habrán comido; 4. habrán muerto; 5. habremos escrito; 6. habré dicho; 7. habrás ido; 8. habréis roto; 9. se habrá levantado; 10. se habrá afeitado.

3. Saldré, saldrás, saldrá, saldremos, saldréis, saldrán. Querré, querrás, querrá, querremos, querréis, querrán. Podré, podrás, podrá, podremos, podréis, podrán. Habré, habrás, habrá, habremos, habréis, habrán. Tendré, tendrás, tendrá, tendremos, tendréis, tendrán. Sabré, sabrás, sabrá, sabremos, sabréis, sabrán. Pondré, pondrás, pondrá, pondremos, pondréis, pondrán. Haré, harás, hará, haremos, haréis, harán. Diré, dirás, dirá, diremos, diréis, dirán. 1. salir, tener, poner. 2. hacer, decir. 3. querer, poder, haber.

FICHA 19:

1. 2. Por su aspecto será alemán. 3. Juan habrá estado tomando unas copas. 4. Este hotel será muy caro. 5. Alfredo y Luisa habrán hecho las paces. 6. Jacinta estará en la oficina todavía. 7. Mi vecino siempre conduce unos coches increíbles; tendrá mucho dinero. 8. Lucas está muy serio últimamente. Habrá tenido algún disgusto con su familia. 9. Marga todavía no ha llegado. Habrá perdido el avión. 10. Siempre va muy bien vestida. Será una alta ejecutiva.

2. 1. Estará trabajando muchas horas. 2. Tendrá problemas con su mujer. 3. Estará un poco corto de dinero y tendrá preocupaciones. 4. Dormirá poco por las noches, porque… 5. Estará enfermo. 6. Habrá estado saliendo mucho de copas por las noches. 7. Estará haciendo régimen. 8. Le habrá afectado mucho la muerte de su padre. 9. No se cuidará nada. 10. Beberá y fumará en exceso.

3. 2. Mónica no ha llegado aún, se habrá olvidado de la reunión. 3. Teresa no tiene coche, le dará miedo conducir en la ciudad. 4. Lorenzo nunca monta en avión, tendrá fobia a los vuelos. 5. No encuentro las llaves del coche, me las habré dejado en el bar. 6. Sonia parece muy feliz, se habrá enamorado.

TEMA 3

FICHA 20:

1. 1. aconsejo. 2. aconsejable. 3. aconsejable. 4. aconsejo, preferible, aconsejable. 5. preferible, aconsejable. 6. aconsejo. 7. aconsejo. 8. aconsejo.

FICHA 21:

1. dejes. 2. vayamos, vayáis. 3. pienses. 4. ponga. 5. pienses, hagas. 6. te tranquilices, no pienses, hables, digas, busques, te tomes.

FICHA 22:

1. 1. compraría. 2. Podría. 3. actuaría, daría. 4. pensarías. 5. le diríais. 6. resolveríamos. 7. trabajaría. 8. sería. 9. Me haríais. 10. bebería. 11. harías.

2. yo - podría (poder) - querría (querer) - diría (decir) - habría (haber); tú - saldrías (salir) - pondrías (poner); usted/él/ella - podría (poder) - querría (querer) - diría (decir) - habría (haber); nosotros/as - podríamos (poder) - tendríamos (tener); ustedes/ellos/ellas - dirían (decir) - harían (hacer); vosotros/as - vendríais (venir) - valdríais (valer).

3. Habrías hecho. 2. Habrían puesto. 3. Habrías comprado. 4. Habría sido. 5. Habríais dicho. 6. Habrían leído. 7. Habría vuelto. 8. Habrían salido. 9. Habríamos puesto. 10. Habría visto.

4. 2. Yo habría cenado un poco de fruta. 3. Yo me habría quedado en casa. 4. Yo no habría salido. 5. Yo habría ido a uno más barato. 6. Yo habría leído las instrucciones antes de ponerla. 7. Yo lo habría leído antes de firmarlo. 8. Yo habría hecho algo diferente. 9. Yo no le habría dicho eso. 10. Yo habría visto otra. 11. Yo me habría puesto un esmoquin. 12. Yo lo habría pensado mejor. 13. Yo no las habría roto.

FICHA 23:

1. 1-f; 2-h; 3-c; 4-b; 5-d; 6-a; 7-e; 8-g.

2. 1. Yo, en tu lugar, / Yo que tú, / Yo buscaría otro trabajo. 2. Yo, en tu lugar, / Yo que tú, / Yo alquilaría una casa en la playa, el clima es mejor. 3. Yo, en tu lugar, / Yo que tú, / Yo instalaría Internet en casa para poder usar el correo electrónico. 4. Yo, en tu lugar, / Yo que tú, / Yo iría a un/-a homeópata. 5. Yo, en tu lugar, / Yo que tú, / Yo hablaría con Pablo. 6. Yo, en tu lugar, / Yo que tú, / Yo compraría un piso. 7. Yo, en tu lugar, / Yo que tú, / Yo compraría un coche, es menos peligroso. 8. Yo, en tu lugar, / Yo que tú, / Yo daría un paseo antes de ir a dormir.

3. 2. Yo, en tu lugar, / Yo que tú, / Yo habría comprado pantalones. 3. Yo, en tu lugar, / Yo que tú, / Yo las habría pasado en el Sur. 4. Yo, en tu lugar, / Yo que tú, / Yo habría ido en tren. 5. Yo, en tu lugar, / Yo que tú, / Yo habría ido al teatro. 6. Yo, en tu lugar, / Yo que tú, / Yo habría tomado un té. 7. Yo, en tu lugar, / Yo que tú, / Yo le habría comprado un libro. 8. Yo, en tu lugar, / Yo que tú, / Yo la habría pintado de negro. 9. Yo, en tu lugar, / Yo que tú, / Yo me habría casado con Juan. 10. Yo, en tu lugar, / Yo que tú, / Yo me habría matriculado en uno de Tai-chi. 11. Yo, en tu lugar, / Yo que tú, / Yo habría ido en barco.

FICHA 24:

1. 1. Presente. 2. Presente. 3. Futuro. 4. Futuro. 5. Futuro. 6. Presente. 7. Presente. 8. Futuro.

2. 2. Si hay nieve, va a la montaña a esquiar. 3. Si no tiene mucho tiempo, hace la compra en el supermercado. 4. Si está muy cansada por la noche, ve la televisión. 5. Si está de muy mal humor, deja el teléfono descolgado para no hablar con nadie. 6. Si se enfada, grita mucho. 7. Si tiene que ir a países que están muy lejos, viaja en avión. 8. Si sale pronto del trabajo, va a nadar. 9. Si hay una película interesante en la televisión, se queda despierta hasta la una o las dos.

FICHA 25:

1. 1. tendremos. 2. nevará, podremos. 3. subirá, vendrán. 4. te arrepentirás. 5. no resolverás, no saldréis. 6. serás. 7. estaré. 8. estarás.

2. 2. Encontrará un trabajo. 3. Se irá de casa de sus padres. 4. Alquilará un piso. 5. Viajará mucho. 6. Tendrá pareja. 7. Vivirá con su pareja. 8. No se casará. 9. Tendrá hijos. 10. Se comprará un piso. 11. Tendrá un perro.

3. 2. Si tiene suerte, encontrará un trabajo. 3. Si gana suficiente dinero, se irá de casa de sus padres. 4. Si encuentra un piso barato, lo alquilará. 5. Si tiene suficiente tiempo y dinero, viajará mucho. 6. Si sigue siendo como ahora, tendrá pareja. 7. Si la relación va bien, se irá a vivir con su pareja. 8. Si no cambia de manera de pensar, no se casará. 9. Si no hay ningún problema, tendrá hijos. 10. Si ahorra dinero, comprará un piso. 11. Si tiene una casa con jardín, tendrá un perro.

FICHA 26:

1. Tomar: toma, tome, tomad, tomen. Comer: come, coma, comed, coman. Escribir: escribe, escriba, escribid, escriban. Ir: ve, vaya, id, vayan. Tener: ten, tenga, tened, tengan. Decir: di, diga, decid, digan. Salir: sal, salga, salid, salgan. Tomar: no tomes, no tome, no toméis, no tomen. Comer: no comas, no coma, no comáis, no coman. Escribir: no escribas, no escriba, no escribáis, no escriban. Ir: no vayas, no vaya, no vayáis, no vayan. Tener: no tengas, no tenga, no tengáis, no tengan. Decir: no digas, no diga, no digáis, no digan. Salir: no salgas, no salga, no salgáis, no salgan.

2. – Si no hay mucho tráfico, toma el autobús, es más agradable.
– Si sales a algún sitio cerca de Madrid, toma el tren: así evitas los atascos.

3. – Si tienes tiempo, visita el Museo Sorolla, es precioso.
– Si decides ir, no vayas los miércoles.

4. – Si puedes, ve a Sevilla, es una ciudad fascinante.
– Si es posible, toma el AVE: es rapidísimo.

5. – Si vas por el centro, ten cuidado con la cartera.
– Si sales de noche, no lleves el pasaporte encima.

6. – Si tienes suficiente dinero, ve a los mesones.
– Si es tarde, ve a tomar churros a una churrería: hay mucho ambiente.

7. – Si quieres escuchar flamenco, ve a algún tablao, pero no vayas a los tablaos para turistas.
– Si puedes, llama antes a Yolanda, que conoce tablaos buenos.

FICHA 27:

1. 1. Decir - dijera (yo) / (usted) / (él/ella). 2. Hablar - hablaras (tú). 3. Poner - pusiéramos (nosotros/as). 4. Salir - salierais (vosotros/as). 5. Poder - pudieras (tú). 6. Ir - fueran (ustedes)/ (ellos/ellas). 7. Volver - volviera (yo) / (usted) / (él/ella). 8. Querer - quisierais (vosotros/as). 9. Tener - tuvieran (ustedes)/ (ellos/ellas).

2. 1. Fuera/fuese. 2. Viniera/viniese. 3. Hiciera/hiciese. 4. Pudiera/pudiese. 5. Tuviera/tuviese. 6. Condujera/condujese. 7. Leyera/leyese. 8. Pidiera/pidiese. 9. Sintiera/sintiese. 10. Hubiera/hubiese.

3. Ir: fuera, fueras, fuera, fuéramos, fueran (fuerais).
Venir: viniera, vinieras, viniera, viniéramos, vinieran (vinierais).
Hacer: hiciera, hicieras, hiciera, hiciéramos, hicieran (hicierais).
Poder: pudiese, pudieses, pudiese, pudiésemos, pudiesen (pudieseis).
Tener: tuviese, tuvieses, tuviese, tuviésemos, tuviesen (tuvieseis).
Conducir: condujese, condujeses, condujese, condujésemos, condujesen (condujeseis).

4. 1. firmara/firmase. 2. se fueran/se fuesen. 3. le gustara/le gustase. 4. me escuchara/me escuchase. 5. me hablara/me hablase. 6. fuéramos/fuésemos. 7. hablarais/hablaseis. 8. tuvieran/tuviesen. 9. tuviéramos/tuviésemos. 10. nos levantáramos/ nos levantásemos, terminara/terminase.

FICHA 28:

1. 1. Si ella volviera (volviese)… seríamos felices.
2. Si supierais (supieseis) lo cansada que estoy… tendríais más paciencia conmigo.
3. Si tuviera (tuviese) más dinero… compraría un piso mucho más grande.
4. Si no hubiera (hubiese) tantos coches… iría al trabajo en bicicleta.
5. Si quisieran (quisiesen) preguntar algo… tendrían que llamar a la centralita.
6. Si no fueras (fueses) tan cabezota… no discutiríamos tanto.
7. Si me llevaras (llevases) en coche… no tendría que tomar dos autobuses.
8. Si yo fuera (fuese) tú… lo haría de otra manera.
9. Si supiéramos (supiésemos) más inglés… nos resultaría más fácil encontrar trabajo.
10. Si pudiera (pudiese) usted ayudarme… se lo agradecería.

2. 1. habría. 2. conseguiríamos. 3. entenderíamos. 4. podrías. 5. avisaría. 6. comportarías. 7. resultaría. 8. sería. 9. daría. 10. diríais.

3. 2. Si Jaime hablara (hablase) más, sabríamos qué le pasa.

3. Si supiera (supiese) cuál es la solución, te lo diría.

4. Si Ana fuera (fuese) de otra manera, no sería Ana.

5. Si acabaras (acabases) el trabajo, estarías más tranquila.

6. Si me dejaras (dejases) que te lo explique, lo entenderías mejor.

7. Si Juanjo no hablara (hablase) tanto, sería muy agradable estar con él.

8. Si no quedara (quedase) satisfecho, le devolveríamos su dinero.

9. Si pudieran (pudiesen) convencerla, sería estupendo.

10. Si no tuviera (tuviese) tanto trabajo en este momento, iría a verte.

11. Si consiguiéramos (consiguiésemos) terminar en una hora, podríamos ir al cine.

TEMA 4

FICHA 29:

1. En el año 2000 voy a terminar la carrera, voy a buscar trabajo, voy a ordenar mi vida y le voy a proponer a mi pareja que nos vayamos a vivir juntos.

Además pienso leer más libros, pienso cuidarme, no pienso preocuparme demasiado por nada, pienso vivir despacio y, sobre todo, pienso ser feliz.

2. Tendré, vendrá, saldremos, querrá, vendrá, podrán, tendréis, dirán, saldrán, cabrás, harás.

FICHA 30:

1. 1. Al ponerse. 2. nada más comer. 3. al llamarla. 4. Al ponerla. 5. nada más irte tú. 6. Al llegar. 7. Nada más colgar. 8. nada más salir. 9. Al llegar. 10. nada más enterarme.

2. Ejercicio de respuesta abierta.

FICHA 31:

1. 1-d; 2-g; 3-i; 4-h; 5-b; 6-c; 7-e; 8-j; 9-a; 10-f. 2. Cuando tenga noticias, te llamo. 3. Cuando tengas un minuto, te lo explico. 4. Cuando termines de cenar, vete a dormir. 5. Cuando nos arreglen el ordenador, podremos trabajar. 6. Cuando lleguen a la plaza Mayor, giren a la izquierda. 7. Cuando habléis con Jaime, decidle que me llame. 8. Cuando encuentre uno grande y céntrico, me voy a cambiar de piso. 9. Cuando terminéis de leer el texto, cerrad los libros. 10. Cuando llegues a Berlín, llámame.

2. Termine, estemos, tenga, puedas, te vayas, quieran, haga, tengas.

3. 2. Cuando esté casado, viviré mejor. 3. Cuando sea padre, tendré poco tiempo de fiestas. 4. Cuando sea viejo, habré terminado de escribir mis memorias.

FICHA 32:

1. estaba, estaba, terminó, volvieron, podían, encontró, consiguieron, terminó, llegaron, vendieron, encontraron.

2. 1. mientras. 2. apenas. 3. después de que. 4. cuando. 5. en cuanto. 6. antes de que.

FICHA 33:

2. 2. me hace, me haga, voy a responderle. 3. tengo, me obsesione, voy a hacer algo. 4. tengo, haya, voy a relajarme, quitarle importancia. 5. me enfado, me enfade, voy a contar. 6. estoy, esté, voy a escuchar, prestar atención. 7. llega, llegue, me voy a ir. 8. me doy cuenta, me dé cuenta, voy a ir. 9. tengo, tenga, voy a leer. 10. cobro, cobre, voy a meterlo. 11. hay, tengo, haya, me voy a tomar.

FICHA 34:

1. 2. Juan está trabajando mucho últimamente para ahorrar dinero para irse de vacaciones. 3. Pablo, los domingos, cocina toda la tarde para tener comida toda la semana. 4. Vas a necesitar mucha paciencia para comprender a Marta. 5. Ana y María se fueron a Finlandia para cambiar de vida. 6. Tienen ustedes que trabajar más rápido para entregar el producto a tiempo. 7. Hizo un esfuerzo enorme para cambiar la relación con Cristina. 8. Cuando empecé a trabajar, desayunaba mucho para no tener hambre a las 12. 9. Ahora hago un desayuno ligero para llegar a tiempo al trabajo.

FICHA 35:

1. 1. lo pruebes. 2. trabajemos. 3. pueda. 4. lo utilicéis. 5. me haga. 6. desarrollen. 7. la lea. 8. lo sepas. 9. puedan. 10. me llame.

2. 2-j; 3-f; 4-g; 5-b; 6-c; 7-d; 8-i; 9-a; 10-h; 11-e.

1. Ha puesto una barrera delante de las escaleras para que el niño no se caiga por ellas.
2. Ha puesto cierres de seguridad en las ventanas para que el niño no se caiga.
3. Ha comprado una lavadora con cierre de seguridad para que el niño no la abra.
4. Ha escondido las cerillas para que el niño no se las coma.
5. Ha escondido los cubiertos para que el niño no se corte ni se pinche con ellos.
6. Ha escondido los productos de limpieza para que el niño no se los beba.
7. Ha subido los libros a la parte alta de la estantería para que el niño no los rompa.
8. Ha tapado todos los enchufes para que el niño no se electrocute.
9. Ha puesto el equipo de música en alto para que el niño no lo estropee.
10. Ha puesto una barrera delante de la chimenea para que el niño no se queme.

3. 2. Voy a comprarte un reloj para que no llegues siempre tarde. 3. Te he comprado esta agenda para que no te olvides de las citas. 4. Le he dado el trabajo a Susana para que tengas tiempo. 5. Quiero presentarte a un amigo chileno, para que aprendas español.

FICHA 36:

1. 2. Acércate, que te vea. 3. Escribe con buena letra, que te entienda (lo que pones). 4. Habla más bajo, que no molestes (a la gente). 5. No comas tantas grasas, que no engordes. 6. Presta atención, que te enteres de mis explicaciones. 7. No trabajes tanto, que te quede tiempo para ti. 8. No busques todas las palabras en el diccionario, que comprendas los textos globalmente. 9. Llámales por teléfono, que no te echen de menos. 10. Pon la música más baja, que te puedas concentrar en tus estudios. 11. Ordena la habitación, que encuentres lo que buscas.

2. 2. Entra en casa para que no te enfríes. 3. Corrige este ejercicio, porque está lleno de errores. 4. Escríbelo a máquina, para que quede más presentable y limpio. 5. Habla más alto, porque estoy un poco sordo. 6. Habla más despacio, para que te entienda bien. 7. Dime la verdad, porque no creo lo que me has contado antes. 8. No salgas a la calle, porque es muy peligroso. 9. Ten cuidado con el perro, para que no moleste a la gente. 10. Ven a verme, porque estoy muy solo. 11. Llama a tus padres, porque están muy preocupados por ti.

3.

Cuando expresamos la causa de un mandato:	**Que** + indicativo
Cuando expresamos la finalidad de un mandato:	**Que** + subjuntivo

4. Sugerencias: 3. Corrige este ejercicio, que no tenga errores. 4. Escríbelo a máquina, que no está presentable y limpio. 5. Habla más alto, que te oiga. 6. Habla más despacio, que no te entiendo. 7. Dime la verdad, que te crea. 8. No salgas a la calle, que no te pase nada. 9. Ten cuidado con el perro, que molesta a la gente. 10. Ven a verme, que no esté tan solo. 11. Llama a tus padres, que no se preocupen por ti.

FICHA 37:

1. 1. Se ha roto. 2. se ha estropeado. 3. se han caído. 4. se han ensuciado. 5. se ha acabado. 6. se ha caído, se ha roto. 7. se ha averiado. 8. Se ha caído, se ha manchado. 9. se ha estropeado, se ha arreglado. 10. Se ha caído.

2. 1. se me han caído, se me han roto. 2. Se te ha olvidado. 3. se nos estropeó. 4. se nos ha terminado. 5. Se os ha olvidado. 6. Se le cayeron. 7. se les estropeó. 8. se me ha roto. 9. Se les ha acabado. 10. Se le ha roto.

TEMA 5

FICHA 38:

2. 1. fui, pasé, era, había, era. 2. presentaron, estaban, querían, buscaban, ofrecí. 3. había, hablaba, era, parecía, hablé. 4. era, decidí, despedí, salí. 5. volvía, encontré, venía, hacía, teníamos, fuimos, estaba, estuvimos. 6. fui, estaba.

FICHA 39:

1. 1. había terminado, había hecho, había aprendido. 2. había vivido, había compartido, había tenido. 3. había decidido, había preparado, había repasado. 4. había perdido, había dado, había dejado. 5. había trabajado, había pasado, había imaginado. 6. había hecho, había provocado. 7. había nevado, habían pasado, había avisado. 8. había sacado, había prosperado, se había hecho, había hecho. 9. había robado, habían descubierto. 10. había sido.

2. 1. abierto. 2. cubierto. 3. dicho. 4. escrito. 5. hecho. 6. muerto. 7. puesto. 8. resuelto. 9. roto. 10. satisfecho. 11. visto. 12. vuelto.

3. 1-d; 2-c; 3-b; 4-e; 5-a; 6-h; 7-i; 8-g; 9-j; 10-f.

FICHA 40:

1. 1-d; 2-f; 3-g; 4-c; 5-b; 6-a; 7-e; 8-h.

2. 1. se sentía, había dicho. 2. sabía, había sido, quería. 3. estaba, había hecho. 4. estaba, había ido, escuchaba. 5. estaba, había animado. 6. tenía, había visto, hacía, sabía. 7. estaba, se había enfadado, sabía, tenía. 8. sabía, estaba, había encontrado, había estado.

3. 2. Tenía sueño porque había dormido muy poco. 3. Le dolía la espalda porque había estado descargando cajas todo el día. 4. Le apreciaba todo el mundo porque había demostrado que era una buena persona. 5. Estaba orgullosa de sí misma porque los jefes la habían ascendido y habían reconocido su valía. 6. Estaba bastante deprimido porque últimamente las cosas le habían ido mal. 7. Estaba seguro de que se lo sabía bien, porque había hecho todos los ejercicios. 8. Estaba sudando porque había hecho mucho deporte.

FICHA 41:

1. 2. Me devolvió la máquina de fotos que me había pedido dos años antes. 3. Fui a ver qué le pasaba porque le había visto entrar muy pálido en su despacho. 4. Le llamé para saber más de él porque me había escrito una carta muy preocupante. 5. Dejó de hablarme durante tres días porque habíamos discutido sobre el dinero. 6. Ayer estuvimos hablando y descubrimos que los dos habíamos estudiamos en la misma universidad. 7. Ayer vi a Juan muy acaramelado con una chica que había en la fiesta de Jorge. 8. Ayer me compré el libro que el profesor había recomendado en la clase del lunes. 9. Decidió volver a vernos porque se lo había pasado muy bien con nosotros. 10. Ayer, por fin, fui a ver la película que Marco me había descrito como muy buena.

2. 1. encontró, había perdido. 2. Reconocí, había visto. 3. había recibido, decidí. 4. puso, dio, había estado. 5. Intenté, fue, había tomado. 6. compró, había roto. 7. contó, se sorprendió, había oído. 8. supo, preguntamos, había prometido. 9. había dejado. 10. quiso, había oído.

3. 2. En 1999 leyó el libro que ya había leído ocho años antes. 3. En mayo fui al museo que ya había visto el mes anterior. 4. El domingo comió la comida que ya había probado el sábado. 5. En junio fue al concierto que ya había escuchado en enero.

FICHA 42:

1. 2. Ha preguntado que cómo te llamas. 3. Ha preguntado que qué haces este fin de semana. 4. Ha preguntado que si vienes con nosotros a tomar un café. 5. Ha preguntado que a qué hora empieza la película. 6. Ha preguntado que cómo estás. 7. Ha preguntado que si vives solo. 8. Ha preguntado que si estás casado. 9. Ha preguntado que cuál es la distancia entre Madrid y Sevilla. 10. Ha preguntado que si te gusta este libro.

2. 1. Que. 2. que. 3. Que si. 4. que si. 5. que dónde. 6. que. 7. que si. 8. que. 9. que. 10. que. 11. que.

3. 2. Le ha preguntado que si quería participar en el regalo que le iban a hacer a Celia y ha dicho que no. 3. Le ha preguntado que si se ha comprado la moto que quería y ha dicho que sí. 4. Le ha preguntado que qué iba a hacer este fin de semana y ha dicho que iba a casa de Alejandro. Le ha preguntado que si puede darle una cosa y ha dicho que sí. 5. Le ha preguntado que si ha visto a Gemma y ha dicho que no.

FICHA 43:

1. 1- a, d, f; 2- a, d, e; 3- a, c, f; 4- b, c, f; 5- b, d, f; 6- b, c, e; 7- b, d, e.

FICHA 44:

1. 1. Acepta, el verbo está en presente. 2. No acepta, el verbo está en imperfecto. 3. No acepta, el verbo está en imperfecto. 4. Acepta, el verbo está en presente. 5. No acepta, el verbo está en imperfecto. 6. Acepta, el verbo está en presente. 7. No acepta, el verbo está en imperfecto. 8. Acepta, los verbos están en presente.

2. 2. Pilar ha dicho que era una persona encantadora, muy simpática. 3. Charo ha dicho que mañana me llama y que confirma si va o no. 4. David ha dicho que tiene un dolor terrible de cabeza. 5. Ana ha dicho que no venía a trabajar, que le dolía muchísimo la cabeza. 6. Jorge ha dicho que mañana me traía los libros que le presté. 7. Hernando ha dicho que teníamos que reunirnos y hacer algo para cambiar la situación. 8. Rocío ha dicho que le encanta esta película, que es muy buena. 9. Gracia ha dicho que tenía muchas ganas de verme, que un día de estos me llamaba y quedábamos. 10. Manoli ha dicho que la situación política actual era muy buena, que había mucho trabajo, que las calles eran más seguras y que todo iba mejor.

FICHA 45:

1. 2. Me ha dicho Marisa que has recibido una carta de Iñaqui. ¿Qué tal está? 3. Ignacio ya me dijo que habías leído el Quijote tres veces. 4. Guillermo ya me dijo que habías terminado todos los cursos de francés de tu escuela. 5. Ana me dijo que no habías estado nunca en Granada. ¿Quieres venir conmigo? 6. Celia me dijo que habías roto con Carlos.

2. 2. ¿Pero no me dijiste que habías recibido una carta de Iñaqui? 3. ¿Pero no me dijiste que habías leído tres veces el Quijote? 4. ¿Pero no me dijiste que habías terminado todos los cursos de francés de tu escuela? 5. ¿Pero no me dijiste que no habías estado nunca en Granada? 6. ¿Pero no me dijiste que habías roto con Carlos?

3. 1. a - II, b. - I; 2. c - IV, d - III; 3. e - V, f - VI.

FICHA 46:

1. 1-d; 2-e; 3-b; 4-c; 5-f; 6-a.

2. 2. Una pitonisa dijo que haría un viaje muy largo. 3. El hombre del tiempo dijo que mañana lloverá en toda la zona y que bajará la temperatura. 4. Un compañero dijo que mañana llegará tarde porque irá al médico. 5. Un amigo dijo que me llamaría uno de estos días. 6. El presidente de la comunidad de vecinos dijo que se arreglaría la escalera, se pintaría el portal y se cambiaría el ascensor.

3. 1. Predicción. 2. Plan. 3. Plan. 4. Predicción. 5. Predicción. 6. Plan. 7. Plan. 8. Predicción. 9. Predicción. 10. Plan.

4. 1. El hombre del tiempo dijo que el tiempo será bueno durante todo el fin de semana. 2. Dijo que se va a ir de vacaciones a Canarias. 3. Dijo que esta tarde iba a salir con Teresa. 4. Dijo que se encontrará mejor. 5. Dijo que la inflación bajará en unos meses, pero que subirá el número de parados. 6. Dijo que se va a comprar la casa que tanto quiere. 7. Dijo que me llamará un día de estos y que quedaremos. 8. Dijo que me llamará y que se aclarará todo. 9. Dijo que estará a punto de llegar. 10. Dijo que me va a llamar.

5. 2. Dijo que llovería en toda la zona, con fuertes vientos, y que bajarían las temperaturas. 3. Dijo que con estas pastillas la fiebre remitiría en un par de días. 4. Dijo que con estas pastillas la fiebre remitirá en un par de días. 5. Dijo que la situación económica mejorará notablemente cuando entren en vigencia las nuevas medidas del gobierno. 6. Dijo que la situación económica mejoraría notablemente cuando entren en vigencia las nuevas medidas del gobierno. 7. Dijo que juntos formarán un grupo fuerte y que ganarán las elecciones. 8. Dijo que juntos formarían un grupo fuerte y que ganarían las elecciones.

6. 2. Dijo que me iba a llamar. 3. Dijo que me iba a escribir todos los días. 4. Dijo que me va a escribir todos los días. 5. Dijo que mañana voy a tener el informe encima de mi mesa. 6. Dijo que mañana iba a tener el informe encima de mi mesa. 7. Me ha prometido que me van a subir el sueldo y que me van a mejorar mi situación laboral. 8. Me ha prometido que me iban a subir el sueldo y que me iban a mejorar mi situación laboral.

7. 2. Dijo que se iba de vacaciones a las Canarias. 3. Dijo que va a salir con Teresa. 4. Dijo que con esta medicina me encontraría mejor en unos días. 5. Dijo que bajará la inflación y que subirá el número de parados. 6. Dijo que se va a comprar la casa que tanto quiere. 7. Dijo que me llamaría. 8. Dijo que me llamaría y que se aclararía todo. 9. Dijo que estará a punto de llegar. 10. Dijo que me iba a llamar.

FICHA 47:

1. Frases que expresan influencia o intención de influir en alguien: 1, 3, 5, 6, 7.

2. 1. Sí. 2. Sí. 3. No. 4. No. 5. No. 6. Sí. 7. Sí. 8. No.

3. 1. Dijo que hables con él. 2. Dijo que fueras a comprar las entradas. 3. Dijo que te vistas mejor. 4. Dijo que nos reuniéramos para discutir el tema. 5. Dijo que vayas y que se lo expliques. 6. Dijo que le hicieras un informe detallado de la investigación. 7. Dijo que le llamáramos. 8. Dijo que le compre algo. 9. Dijeron que no volviéramos tarde. 10. Dijo que Ana se lo contaría todo.

CLAVES DE "EN AUTONOMÍA", *Planet@ 3*
(Libro del Alumno)

TEMA 1. LOS SENTIMIENTOS *de* VENUS.

2. Me alegro tanto de que...; ...tienes miedo de que...; Cómo me gusta que...; no soporto que...; ...hazme sufrir...

3. 1. ¡Qué alegría que (estés aquí)!
2. ¡No soporto que (la gente me grite)!
3. ¡Qué bien que (hayas aprobado el examen!
4. ¡Qué raro que (Roberto aún no haya llegado)!
5. Me fastidia (quedarme sin dinero).
6. ¡Qué bien que (vengáis conmigo de viaje)!

7. a-1; b-6; c-7; d-2; e-3; f-8; g-4; h-5.

TEMA 2. LA RAZÓN *de* MERCURIO.

4. Expresiones que introducen una información: Es cierto, Es obvio, Es verdad, Me parece evidente, Es evidente, Está claro, Es un hecho, Está demostrado –más indicativo–.
Expresiones que introducen una valoración: Es bueno, Es horrible, Es normal, Es una tontería, Me parece bien, Es interesante, Es lógico, Es terrible, Me parece fatal, Es fantástico, Es malo, Me parece mal –más subjuntivo–.

6. 1. balance; 2. factura; 3. contrato; 4. contabilidad; 5. inflación; 6. departamento; 7. beneficios; 8. huelga.

7. Cantar: cantaré, cantarás, cantará, cantaremos, cantaréis, cantarán. Beber: beberé, beberás, beberá, beberemos, beberéis, beberán. Vivir: viviré, vivirás, vivirá, viviremos, viviréis, vivirán.

8. 1. Verbos que cambian la vocal de la terminación por una d: poner, tener, salir. 2. Verbos que pierden la vocal de la terminación: decir, hacer. 3. Otra: saber, haber, poder, querer.

11. a. Términos económicos: empresa privada, producción y venta de energía eléctrica, mercado, clientes, competitiva, valor, inmovilizado, fondos propios, *cash-flow,* beneficio, impuestos, cifra de negocios, valor contratado en la Bolsa española, grupo industrial, sectores de energía, ingeniería y consultoría, (sector) inmobiliario, de telecomunicaciones y servicios a clientes, competitivamente.
b. Datos numéricos: primera empresa privada de España en producción y venta de energía eléctrica, tercera de Europa, mercado de casi ocho millones de clientes, 39% de la superficie nacional, 37,8% de la potencia eléctrica de España, primer lugar en generación hidroeléctrica y nuclear, 3 billones de pesetas de inmovilizado, fondos propios de un billón de pesetas, *cash-flow* de 277.326 millones de pesetas, beneficio después de impuestos de 69.522 millones, cifra de negocios de 754.311 millones de pesetas, cuarto valor más contratado en la Bolsa española.
El apartado c. es de respuesta abierta.

TEMA 3. LAS CREENCIAS de JÚPITER.

1. * Oye, Belén, ¿tú crees que yo debería comprarme un coche?
   – Pero si ya tienes uno.
   * Sí, pero está viejísimo.
   – Ya… Mira, yo, en tu lugar, no me compraría uno nuevo. Total, no viajas casi nada.
   * Bueno, pero a veces sí.
   – Sí, pero no tanto. Es mejor que se lo pidas prestado a alguien.
   * Sí, pero es que siempre se lo pido a la misma persona y está harta de mí.
   – Mira, con lo mal de dinero que vas, te recomiendo que no te compres nada, que ahorres todo lo que puedas. Yo que tú, pensaría en el futuro, en los gastos que vas a tener dentro de poco y me dejaría de coches.

3. Cantaría, diría, pondría, escribiría, hablaría, querría, sabría, sería, habría, preferiría, compraría, podría, saldría, pensaría, estaría.

5. Habl-aron, sup-ieron, tuv-ieron, dij-eron, sac-aron, escrib-ieron.
   Hablaran, supieran, tuvieran, dijeran, sacaran, escribieran.

6. Traer: trajera, trajeras, trajera, trajéramos, trajérais, trajeran. Ir: fuera, fueras, fuera, fuéramos, fuérais, fueran. Ser: fuera, fueras, fuera, fuéramos, fuérais, fueran. Contar: contara, contaras, contara, contáramos, contárais, contaran. Pedir: pidiera, pidieras, pidiera, pidiéramos, pidiérais, pidieran. Mirar: mirara, miraras, mirara, miráramos, mirárais, miraran. Producir: produjera, produjeras, produjera, produjéramos, produjérais, produjeran. Beber: bebiera, bebieras, bebiera, bebiéramos, bebiérais, bebieran. Caer: cayera, cayeras, cayera, cayéramos, cayérais, cayeran. Sentirse: sintiera, sintieras, sintiera, sintiéramos, sintiérais, sintieran.

9. La actividad que regula el contrato es la enseñanza de idiomas. Es un contrato por obra o servicio determinado. Su duración es de seis meses. La retribución se realiza según convenio. Las partes contratantes son Dña. Marta Carreras López, en concepto de la administradora de Torre de Babel, S.L., y D. Esteban Ramos Díaz, como trabajador. La jornada es a tiempo parcial. La actividad se realiza en el domicilio social y centro de trabajo de la empresa, sito en la c/ Isla Graciosa, 4 (Madrid 28034).

TEMA 4. LA VOLUNTAD de MARTE.

1. Verdaderas: 1, 4, 5, 6.
   Falsas: 2, 3.

2. y 3.
Expresiones para protestar:
…no puede ser que siempre estés en las mismas…/Ya está bien./Estoy harta de tus urgencias…/ …no hay derecho a que me estés interrumpiendo…

Expresiones para pedir perdón y justificarse:
…perdona./… es que esta vez se me ha pasado…

6. a-4; b-3; c-1; d-4; e-2; f-3.

8. a-4; b-1; c-5; d-2; e-3; f-6.
1. Cuando sea mayor, voy a ser/seré futbolista.
2. Cuando/En cuanto tenga dinero, voy a comprar/me compro/me compraré un descapotable.
3. Cuando/En cuanto/Tan pronto como llegue a casa, voy a darme/me doy una ducha.

4. Cuando/En cuanto/Tan pronto como cumpla 18 años, voy a independizarme/me independizo.

5. Cuando/En cuanto/Tan pronto como termine la carrera, voy a hacer un viaje de un año/haré un viaje de un año.

6. Cuando viva en el campo, voy a tener/tendré un perro y un gato.

9. 1. cobre; 2. termine; 3. aparezca; 4. vayas; 5. sepan; 6. tengamos; 7. manden; 8. introduzca; 9. se muden; 10. crezca.

10. Vertical: fiesta. Horizontales: 1. disfraces; 2. hielo; 3. ceniceros; 4. música; 5. tarta; 6. vaso.

12. 1. Llegó tarde a casa, y, para no despertar a los que estaban durmiendo, se quitó los zapatos. Al llegar a la habitación no encendió la luz para que su madre no se diera cuenta de que había llegado tan tarde, se desnudó a oscuras y se metió en la cama. Para levantarse pronto al día siguiente, puso el despertador a las 6,30 y se durmió pensando en su última aventura, para no olvidarla.

2. Como el coche no funcionaba bien, se pasó todo el fin de semana arreglándolo. Al final llamó a un técnico para asegurarse de que todo estaba bien, ya que se iba de viaje.

TEMA 5. LA EXPERIENCIA *de la* TIERRA.

2.
— ¿Sabes?, ayer vi a César por la calle.
— ¡Ah, sí! Y, ¿qué tal está?
— Muy bien. Ha venido hace poco de Chile. ¿Sabes que estuvo trabajando allí con Telefónica y que se casó con una chilena que había conocido aquí?; bueno, por eso se fue para allá.
— Sí, sí, ya lo sabía.
— Bueno, pues me contó que le había ido muy bien, que le había encantado el país y que no quería volver, pero que el director de su departamento le había pedido que volviera a la central y que trabajara en su equipo.
— Y, ¿ha vuelto?
— Pues realmente no. Está aquí porque está intentando quedarse en Chile y viene para hablar con el director general.
— ¿Y sabes cuánto tiempo se va a quedar?
— Pues creo que un par de semanas.
— Uy, pues, a ver si le llamo y nos vemos.

5. Te ha llamado Elena. Que la llames a su casa. Su teléfono es el 943 156 421.
Te ha llamado María. Que se le ha estropeado su coche y que le dejes el tuyo.
Te ha llamado Ana. Que mañana es su cumpleaños y que te espera para cenar a las 10.
Te ha llamado Miguel. Que vayas a su despacho a recoger los certificados que le pediste.
Te ha llamado César. Que no puede ir a la reunión del martes y que le llames si hay algún problema.
Te ha llamado Celia. Que necesita hablar contigo sobre las vacaciones, que tiene un viaje fantástico.

6. 2. Me ha dicho que llegará a la oficina media hora antes de la reunión para poder hablar conmigo. Me ha dicho que llegaría a la oficina media hora antes de la reunión para poder hablar conmigo. 3. Me ha dicho que no puede venir a casa porque tiene mucho trabajo. Me ha dicho que no podía venir a casa porque tenía mucho trabajo. 4. Me ha dicho que me acompaña en coche al mecánico. Me ha dicho que me acompañaba en coche al mecánico. 5. Me ha dicho que me llamará en cuanto llegue. Me ha dicho que me llamaría en cuanto llegue.

7. Cuando llegué a casa, mi compañera de piso ya había limpiado y había ordenado todo. Cuando llegué a la taquilla del cine/teatro, ya se habían agotado/ya habían vendido todas las entradas. Cuando llegué a la estación, el tren ya había salido. Cuando estaba en la ducha, sonó el teléfono y, cuando llegué, ya habían dejado de llamar.

8. a-3; b-6; c-4; d-5; e-2; f-1.

a. Le llamé por teléfono para anular la cita, y ya había salido para la reunión.
b. Cuando llegué a su casa para felicitarla, todavía no había vuelto del trabajo.
c. Le informé de la noticia, pero Juan ya se la había comunicado.
d. Cuando fui a su casa a tomar café, todavía no habían terminado de comer.
e. Pedí un crédito porque habían bajado los tipos de interés.
f. Fui al hospital a verle en cuanto supe que había tenido un accidente.

9. De color verde: informar, contar, comunicar, explicar, comentar, declarar. De color rojo: pedir, rogar, sugerir, proponer, aconsejar.

10. Se informa en: 1., 4., 6. y 7. Se expresan deseos de influencia en: 2., 3., 5. y 8.

CLAVES VERSIÓN MERCOSUR, *Planet@ 3*
(Libro del Alumno)

=== TEMA 1 ===

2.

España	Buenos Aires
1. Me pone furiosa…	Me revienta…
2. Me indigna…	Me embola…
3. Echarse la siesta.	Acostarse a dormir la siesta.
4. Me entristece…	Me pone mal…
5. No ir a la cita.	Perder la hora.
6. Me temo que te da igual todo.	Me parece que todo te da lo mismo.
7. Temo que te pongas enfermo…	Tengo miedo de que te enfermes…
8. Me avergüenza…	Me da vergüenza…
9. Sé que haces cuanto puedes.	Sé que hacés todo lo posible.
10. Fijar otra cita.	Pedir otro turno…
11. …vas a responsabilizarte…	…te vas a hacer cargo…

EL VOSEO EN EL SUBJUNTIVO PRESENTE

2. Los verbos regulares en subjuntivo en su forma voseante se hacen agudos y en su forma tuteante son graves. En el caso de verbos irregulares, como "acostarse", se hacen regulares en la forma voseante.

¿LO, EL o LA?

1. a. Lo. b. el. c. lo. d. lo. e. lo. f. El. g. lo. h. lo.

2. El + sustantivo masculino. La + sustantivo femenino. Lo + adjetivo o adverbio.

EN LO DE, A LO DE, POR LO DE

1. Ir o estar en el lugar donde la otra persona se encuentra, como, por ejemplo, una casa, una oficina, un consultorio.

2. a. en lo del. b. a lo de. c. a lo de. d. por lo de.

=== TEMA 2 ===

2.

España	Buenos Aires
1. ¿Conocéis este libro?	¿Conocen este libro?
2. … a que le echen las cartas, …	… para que le tiren las cartas, …
3. a… no sé, …	para…, yo qué sé, …
4. … en los que salen videntes.	en los que aparecen videntes.
5. … se ha perdido la confianza…	… se perdió la confianza…
6. Hombre, …	Mirá, …
7. Pedro, ¿tú qué opinas?	¿Y vos qué pensás, Pedro?
8. No estoy de acuerdo en absoluto…	No estoy para nada de acuerdo…
9. A mi entender…	A mi ver…
10. … en lo de que la ciencia no lo puede…	… en eso de que la ciencia no lo puede…

TEMA 3

1. – ¿Qué te pasa?
* No sé, estoy muy raro. No puedo dormir, estoy cansado... no me puedo concentrar.
– Pero... ¿estás preocupado por algo?
* Pues no, las cosas me van muy bien. Yo creo que es algo físico. He ido al médico y me ha dicho que estoy bien, que no tengo nada.
– Yo que **vos**, iría a un médico naturista. A mí me va muy bien.
* No, **mirá**, yo no creo en esas cosas.
– Yo tampoco. Es mejor tomarse unas vitaminas... Bueno, en realidad, yo me iría de vacaciones.
* ¿**Vos creés**?
– Sí, sí, yo te aconsejo que te **vayás** dos semanas a la playa. Ya verás como **volvés** nuevo.
* **Vos que viajás** mucho, ¿qué lugar me **recomendás**?

PARA DAR CONSEJOS

1.

SER	preferible mejor bueno	+ infinitivo	Consejo de carácter general
		+ que + subjuntivo	Consejo dirigido a alguien en particular

2.

Me Te Le Nos Os Les	aconsejo sugiero recomiendo	+ que + subjuntivo o + infinitivo	El consejo siempre está dirigido a alguien en particular

4. La presencia de los pronombres átonos señala a la persona destinataria del consejo.

6. 1. Es bueno que estés en casa temprano. 2. Es mejor que salgamos en seguida, porque ya es tarde. 3. Sería buenísimo que vieran esa película.

7. 1. En español el infinitivo no flexiona. 2. En español, cuando se trata de un consejo de índole general, se usa el infinitivo; en cambio, cuando se trata de dar un consejo a alguien en particular, se puede usar o el subjuntivo o el infinitivo, si en la frase existe alguna referencia concreta -pronombre personal átono- a la persona a la que se dirige el consejo.

ORACIONES CONDICIONALES

1. 1. En presente de indicativo. 2. a. Se você precisar de ajuda, peça-a. b. Se o senhor quiser, podemos nos encontrar amanhã às 5. c. Pagarei sua pasagem a Europa, se você se formar este ano. 3. La diferencia es que en portugués las condicionales posibles van en futuro de subjuntivo, siendo el presente de indicativo una variante menos frecuente.

2. a. tienes. b. puedo. c. es. d. quieres. e. tomas. f. se apuran. g. vuelve. h. dejas. i. pide. j. llegamos. k. duele.

3.

Si + presente del indicativo +	presente del indicativo
	futuro imperfecto del indicativo
	imperativo

ORACIONES CON "CUANDO"

2.

Para referirse a acciones habituales	Para referirse al pasado	Para referirse al futuro
b	a	c
e	h	d
j	i	f
		g

3. a. Para referirse a acciones habituales o pasadas, **cuando** va seguido de **indicativo**. b. Para referirse a acciones futuras, **cuando** va seguido de **subjuntivo**.

TEMA 4

IR A + INFINITIVO

1. En portugués no se utiliza la preposición "a". Ejemplo: Amanhã vamos comer con Raúl.

Nota: en el Río de la Plata esta estructura sustituye al futuro imperfecto del indicativo en la lengua hablada.

DÍAS DE LA SEMANA

4. 1. Son masculinos. 2. Los artículos.

5. 1. El sábado vamos a ir a la playa. 3. Quedamos con Juan en encontrarnos el viernes después del trabajo. 4. Tengo clase de español los lunes y miércoles.

MIENTRAS y EN CUANTO

1.

ESTRUCTURA	SIGNIFICADO
+ verbo conjugado En cuanto + sustantivo + A	Acción inmediatamente posterior a otra. En calidad de En relación a

"Mientras" indica acciones simultáneas, pero si el verbo está en subjuntivo se le agrega un matiz de oración condicional. "En cuanto" puede ser sustituido por "cuando", e indica una acción que le sigue inmediatamente después a otra.

2.

	Indicativo	Subjuntivo
Mientras	X	X
En cuanto	X	X

3. "En cuanto" + subjuntivo expresa una acción que todavía no ocurrió.
"En cuanto" + indicativo expresa acciones habituales o presentes y acciones pasadas.
"Mientras" + indicativo indica simultaneidad temporal.
"Mientras" + subjuntivo agrega al valor de simultaneidad, el valor de frase condicional.

4. 1. en cuanto; 2. en cuanto; 3. en cuanto; 4. Mientras; 5. en cuanto; 6. En cuanto; 7. mientras; 8. Mientras.

LA INVOLUNTARIEDAD

1. a. Yo. b. Yo. c. No lo sé.

2. a. El verbo conjugado en la primera persona. b. "me". c. No hay marca.

3. En c.

4.

Se	me	
	te	
	le	***rompió el jarrón***
	nos	
	les	

5. a. Se me olvidaron los libros... b. Se te desató el nudo... c. Se le estropeó el aparato... d. Se nos averió el auto... e. Se me desarmó el rompecabezas...

ORACIONES CON "PARA"

1. En las oraciones con "para + infinitivo", el sujeto de la oración principal es igual al sujeto de la oración subordinada o está incluido en él, como en 4. En las oraciones con "para que + subjuntivo", el sujeto de la principal y de la subordinada son diferentes.

Para entender las matemáticas, es necesario estudiar.

DIÁLOGO PÁGINA 114

– **Oíme**, Irene, ¿me **podés** hacer un favor?
– ¿Qué?
– **Mirá**, es que **me olvidé** de que tengo que entregar este informe esta tarde, y, además, se me **rompió** la impresora. ¿**Podés** pasarme esto a tu **computadora** para que yo mientras pueda ir arreglando la impresora?
– **Che**, Jesús, no puede ser que siempre te pase **lo mismo**, dejando **todo** para último momento y pidiendo a los compañeros que te ayuden. Ya está bien.
– Ya, ya lo sé, **perdoname**. Pero es que esta vez se me **pasó** de verdad y... bueno, es muy urgente.
– Estoy harta de tus urgencias y de tus olvidos, no hay derecho a que me estés interrumpiendo todo el día con tus cosas.
– **Está bien, tenés** razón, pero es que esto lo necesito para que el cliente esté satisfecho y para que finalmente nos dé el proyecto. No es momento para discutir este tipo de cosas.
– Bueno, te ayudo por esta vez, pero que sea la última.

TEMA 5

No hay claves por tratarse de una actividad de trabajo libre.